I0465331

1

Java: Aprenda a programar en Java de principiante a profesional

Copyright Philip Jeff 2024- Todos los derechos reservados.

El contenido de este libro no puede reproducirse, duplicarse ni transmitirse sin el permiso directo por escrito del autor o del editor.

Bajo ninguna circunstancia se podrá culpar o responsabilizar legalmente a la editorial, o al autor, por cualquier daño, reparación o pérdida monetaria debida a la información contenida en este libro. Ya sea directa o indirectamente. Usted es responsable de sus propias elecciones, acciones y resultados.

Aviso legal:

Este libro está protegido por derechos de autor. Este libro es sólo para uso personal. No puede modificar, distribuir, vender, utilizar, citar o parafrasear ninguna parte ni el contenido de este libro sin el consentimiento del autor o del editor.

Aviso de exención de responsabilidad:

Tenga en cuenta que la información contenida en este documento sólo tiene fines educativos y de entretenimiento. Se ha hecho todo lo posible por presentar una información exacta, actualizada, fiable y completa. No se declaran ni se implican garantías de ningún tipo. Los lectores reconocen que el autor no ofrece asesoramiento legal, financiero, médico o profesional. El contenido de este libro procede de diversas fuentes. Consulte a un profesional autorizado antes de poner en práctica las técnicas descritas en este libro.

Al leer este documento, el lector acepta que el autor no es responsable bajo ninguna circunstancia de cualquier pérdida, directa o indirecta, en la que se incurra como resultado del uso de la información contenida en este documento, incluyendo, pero no limitado a, - errores, omisiones o inexactitudes.

Contenido

Introducción

Bienvenido al mundo de Java, un lenguaje que ha dado forma al panorama del desarrollo de software moderno. Tanto si está dando sus primeros pasos en la programación como si es un desarrollador experimentado que busca perfeccionar sus habilidades, este libro es su guía en el viaje hacia el dominio de Java.

Java ha estado en el corazón del mundo de la programación durante más de dos décadas, impulsando todo, desde aplicaciones móviles a sistemas de nivel empresarial. Su versatilidad, combinada con una sólida comunidad y amplias bibliotecas, lo convierten en un lenguaje de referencia para desarrolladores de todos los niveles. Este libro está diseñado para ser su compañero, ayudándole a navegar a través de los conceptos básicos y guiándole hacia temas avanzados con claridad y facilidad.

A medida que avance por las páginas, descubrirá cómo las potentes características de Java pueden aplicarse a problemas del mundo real, proporcionándole las herramientas para crear aplicaciones robustas y de alto rendimiento. Empezaremos por lo básico: configurar el entorno, comprender la sintaxis y escribir las primeras líneas de código. A partir de ahí, profundizaremos en temas más complejos como la programación orientada a objetos, las estructuras de datos y el multihilo, asegurándonos de que adquiere un conocimiento profundo y exhaustivo del lenguaje.

Cada capítulo se basa en el anterior, con ejemplos prácticos y ejercicios que refuerzan el aprendizaje. Al final de este libro, no sólo se sentirá cómodo escribiendo código Java, sino que también será capaz de pensar como un desarrollador, resolviendo problemas con eficacia y creatividad.

Desbloquea todo el potencial de la programación Java y ponte en el camino de convertirte en un desarrollador de altos ingresos con "Java: Aprenda a programar en Java de principiante a profesional". Tanto si acaba de empezar como si desea mejorar sus conocimientos, esta completa guía le permitirá dominar Java, uno de los lenguajes de programación más demandados del mundo.

Este libro es algo más que una herramienta de aprendizaje: es su plan para triunfar en el competitivo sector tecnológico. Con instrucciones paso a paso, ejemplos del mundo real y opiniones de expertos, desarrollará la destreza necesaria para abordar proyectos complejos y crear aplicaciones robustas y escalables. Desde los conceptos básicos de sintaxis y estructura hasta conceptos avanzados como multithreading, redes y JavaFX, cada capítulo aumenta su confianza y sus capacidades.

Pero este viaje no consiste sólo en aprender a programar, sino en transformar tus habilidades en oportunidades lucrativas. A medida que avance en este libro, obtendrá los conocimientos y la experiencia necesarios para conseguir trabajos de alto nivel, asegurar trabajos independientes bien remunerados o incluso iniciar su propia empresa tecnológica. La demanda de desarrolladores Java cualificados se está disparando y, con las herramientas y conocimientos adecuados, podrías estar en camino de ganar seis o incluso siete cifras en el sector.

Java es más que un lenguaje de programación: es una puerta a la innovación, y estoy encantado de ayudarle en este apasionante viaje. Así que, empecemos. Tu camino de principiante a desarrollador profesional de Java comienza aquí.

Con "Java: Aprenda a programar en Java de principiante a profesional", no sólo está invirtiendo en un libro, está invirtiendo en su futuro. ¿Está preparado para convertir su pasión por la programación en una carrera rentable? Su viaje comienza aquí

Capítulo 1

Introducción a la programación Java

Historia de Java

El proyecto del lenguaje Java fue iniciado en junio de 1991 por James Gosling, Mike Sheridan y Patrick Naughton, según Google. Aunque Java se pensó inicialmente para la televisión interactiva, la industria de la televisión digital por cable de la época no podía manejar sus funciones avanzadas. En un principio, el lenguaje recibió el nombre de Oak (roble) en honor a un roble que había frente a la oficina de Gosling. Posteriormente, el proyecto se conoció como Green antes de ser rebautizado como Java en honor al café de Java, una variedad indonesia de café. Gosling creó Java con una sintaxis que recordaba a C/C++ para programadores de sistemas y aplicaciones.

A mediados de los años 90, Sun Microsystems empezó a desarrollar Java. Aunque en aquel momento era demasiado sofisticado para el mercado de la televisión digital por cable, inicialmente estaba pensado para la televisión interactiva. El lenguaje recibió el nombre de Oak (roble), en honor a un roble que había frente a la oficina del desarrollador James Gosling. El equipo de desarrollo bebía mucho café Java, lo que hizo que más tarde se cambiara el nombre a Java.

Java fue desarrollado originalmente por James Gosling en Sun Microsystems. Salió al mercado en mayo de 1995 como componente básico de la plataforma Java de Sun. Los compiladores, máquinas virtuales y bibliotecas de clases originales y de referencia de Java fueron publicados originalmente por Sun bajo licencias propietarias. En mayo de 2007, en cumplimiento de las especificaciones del Java Community Process, Sun había relicenciado la mayoría de sus tecnologías Java bajo la licencia GPL-2.0- only. Oracle ofrece su propia máquina virtual Java HotSpot, aunque la implementación oficial de referencia es la JVM OpenJDK, que es software libre de código abierto y es utilizada por la mayoría de los desarrolladores, además de ser la JVM por defecto de casi todas las distribuciones de Linux.

Java es un lenguaje de programación de alto nivel basado en clases, orientado a objetos y diseñado para reducir las dependencias de implementación. Este lenguaje de programación de uso general permite a los programadores escribir el código una vez y ejecutarlo en cualquier lugar. El código Java compilado puede ejecutarse en cualquier plataforma que admita Java sin necesidad de recompilación. Los programas Java suelen compilarse en bytecode.

Java ganó popularidad poco después de su lanzamiento, y ha sido un lenguaje de programación muy popular desde entonces. Java fue el tercer lenguaje de programación más popular en 2022 según GitHub. Aunque sigue siendo muy popular, se ha producido un declive gradual en el uso de Java en los últimos años, con otros lenguajes que utilizan JVM ganando popularidad.

Hitos clave:

- **1991:** Proyecto iniciado por James Gosling, Mike Sheridan y Patrick Naughton.

- **1995:** Sun Microsystems lanza Java 1.0.

- **1996:** Lanzamiento de la primera versión del kit de desarrollo de Java (JDK).

- **1999:** Lanzamiento de Java 2 (J2SE 1.2) con importantes mejoras.

- **2004:** Java 5 (J2SE 5.0) introdujo nuevas características como los genéricos, las anotaciones, los tipos enumerados y el bucle for mejorado.

- **2009:** Oracle Corporation adquiere Sun Microsystems, incluido Java.

- **2014:** Lanzamiento de Java 8 con expresiones lambda, la API Stream y la nueva API de fecha y hora.

Características de Java

Características principales

1. **Sencilla:** La sintaxis de Java es fácil de aprender y utilizar, con un diseño limpio y sencillo por las siguientes razones:

- Java comprende la misma sintaxis que C y C++.
- Posee funciones de recogida automática de basura.
- Java eliminó las funciones que no utilizaba.
- Sigue trayendo actualizaciones regulares para un mejor rendimiento.
- Java tiene su propia comunidad para facilitar el aprendizaje y el uso de Java.

2. **Orientado a objetos:** Java se basa en los principios de objetos y clases, lo que lo hace modular, flexible y escalable.

Casi todo lo que se escribe en Java es objeto y clase, lo que lo convierte en un verdadero lenguaje de programación orientada a objetos (POO). El concepto básico de POO es:

- Objeto: Objeto es una entidad del mundo real en Java que engloba estado, funcionalidad e identidad.
- Clase: Clase es una entidad lógica que incluye un grupo de objetos con propiedades comunes. Contiene campos, métodos, constructores, bloques, clases anidadas e interfaces.
- Herencia: Es un concepto en Java a través del cual los desarrolladores pueden crear nuevas clases construidas sobre clases existentes para lograr polimorfismo en tiempo de ejecución.
- Polimorfismo: Un mecanismo en Java a través del cual se puede realizar una sola acción de múltiples maneras. El polimorfismo puede ser de dos tipos: en tiempo de compilación y en tiempo de ejecución.
- Abstracción: Es un método para ocultar el procesamiento interno y mostrar sólo las cosas esenciales a los usuarios.

3. **Independiente de la plataforma:** Los programas Java pueden ejecutarse en cualquier dispositivo con la máquina virtual Java (JVM). Esta característica se conoce como "escribir una vez, ejecutar en cualquier lugar".

A diferencia de otros lenguajes, Java no está limitado a ninguna máquina específica ni depende de otros factores para funcionar. La plataforma Java es independiente porque:

- Utiliza un entorno de ejecución propio, es decir, la JVM.
- Se trata de un lenguaje de escritura única y ejecución en cualquier lugar.
- Es una plataforma basada en software que se ejecuta sobre otras plataformas basadas en hardware.
- Su código puede ejecutarse en múltiples plataformas, como Windows, Linux, Sun Solaris y Mac/OS.

El código Java es compilado por el compilador y convertido en bytecode.

4. **Seguro:** Java proporciona un entorno seguro para el desarrollo de aplicaciones al incluir funciones como la verificación del código de bytes y un gestor de seguridad.

El lenguaje de programación Java es conocido por su seguridad. Con él, puede crear sistemas libres de virus porque:

- El lenguaje de programación Java se ejecuta dentro de una máquina virtual.
- Utiliza su propio entorno de ejecución: JVM.
- Java incluye un gestor de seguridad, que determina a qué recursos puede acceder una clase, como leer y escribir en el disco local.
- En tiempo de ejecución de Java, un cargador de clases separa el paquete de las clases del sistema de archivos local de los archivos importados de fuentes de red.

Java también consta de Bytecode Verifier, que comprueba los fragmentos de código en busca de código ilegal.

5. **Robusto:** Java dispone de sólidos mecanismos de gestión de memoria, manejo de excepciones y comprobación de tipos para crear aplicaciones fiables.

La gestión automática de la memoria es una característica crucial de la programación Java. Ayuda en:

- Crear un sistema de alto rendimiento.
- Asigna y libera automáticamente espacio para objetos.
- Eliminando las preocupaciones sobre la gestión de la memoria.
- No se producen problemas como la destrucción de objetos.

No es necesario añadir lógica de gestión de memoria.

6. **Multihilo:** Java admite la ejecución concurrente de múltiples hilos, lo que permite realizar muchas tareas simultáneamente.

El multithreading es una característica esencial de Java que hace exclusiva la programación Java. Ofrece varias ventajas:

- Permite a los desarrolladores Java ejecutar varios subprocesos al mismo tiempo.
- Se utiliza para lograr la multitarea.
- Ahorra tiempo.
- Se utiliza sobre todo en juegos y animación.

Los hilos funcionan de forma independiente y no afectan a otros hilos, aunque se creen simultáneamente.

7. **Alto rendimiento:** Java consigue un alto rendimiento gracias a los compiladores Just-In-Time (JIT) y a una eficaz recogida de basura.

Java es un lenguaje de programación de alto rendimiento. Esto se debe a que:

- Java utiliza bytecode que puede traducirse fácilmente a código máquina nativo.
- Dispone de múltiples marcos fáciles de usar.
- Es compatible con múltiples plataformas, como Windows, Linux, Sun Solaris y Mac/OS.
- Se trata de un lenguaje de escritura única y ejecución en cualquier lugar.

Java también limpia automáticamente la basura para mejorar su rendimiento.

8. **Distribuida:** Java es compatible con la informática distribuida, lo que permite a los desarrolladores crear aplicaciones que pueden ejecutarse en diferentes sistemas a través de una red.

Java ofrece a sus usuarios escalabilidad, lo que significa que puede hacer frente a cada vez más usuarios y trabajos. Esto es así porque:

- Java es un lenguaje de programación orientado a objetos.
- Tiene capacidad para manejar grandes bases de datos.
- Java no requiere múltiples recursos mientras se ejecuta.
- Utiliza multihilo y multiprocesamiento.

Java incluye un mayor volumen de código.

9. **Dinámico:** Java puede cargar clases dinámicamente, aunque no se conozcan en tiempo de compilación, lo que lo hace flexible y adaptable.

Por ejemplo:

```java
// Simple Java program to demonstrate object-oriented principles
class Animal {
    void makeSound() {
        System.out.println("Animal makes a sound");
    }
}

class Dog extends Animal {
    @Override
    void makeSound() {
        System.out.println("Dog barks");
    }
}

public class Main {
    public static void main(String[] args) {
        Animal myDog = new Dog();
        myDog.makeSound(); // Outputs: Dog barks
    }
}
```

Configuración del entorno Java: Guía paso a paso

Paso 1: Descargar e instalar el JDK

1. **Visite la página oficial de descarga de Oracle JDK:** Vaya a la página de descarga de Oracle JDK.
2. **Seleccione y descargue la versión JDK adecuada:** Elija la versión JDK adecuada para su sistema operativo (Windows, macOS o Linux) y haga clic en el enlace de descarga.
3. **Acepte el acuerdo de licencia:** Acepta el acuerdo de licencia y descarga el instalador.
4. **Ejecute el instalador:** Localice el archivo de instalación descargado y ejecútelo. Siga las instrucciones en pantalla para completar la instalación.

Paso 2: Configurar la variable de entorno JAVA_HOME

1. **Localice el directorio de instalación de JDK:** Tras la instalación, localice el directorio donde se instaló JDK. La ruta de instalación por defecto suele ser:
   - Windows: C:\Program Files\Java\jdk-<version>
   - macOS: /Library/Java/JavaVirtualMachines/jdk-<version>.jdk/Contents/Home
   - Linux: /usr/lib/jvm/jdk-<version>
2. **Establezca JAVA_HOME en Windows:**
   - Haga clic con el botón derecho del ratón en "Mi PC" o "Este PC" y seleccione "Propiedades".
   - Haga clic en "Configuración avanzada del sistema".
   - Haga clic en el botón "Variables de entorno".
   - En "Variables del sistema", haga clic en "Nueva" para añadir una nueva variable.
   - Establezca el nombre de la variable como JAVA_HOME y el valor de la variable como la ruta de instalación del JDK (por ejemplo, C:\Program Files\Java\jdk-<version>).
   - Haga clic en "Aceptar" para guardar los cambios.
3. **Establezca JAVA_HOME en macOS:**
   - Abra una ventana de terminal.
   - Edite el archivo ~/.bash_profile (o ~/.zshrc si utiliza zsh) con un editor de texto:

```
nano ~/.bash_profile
```

Añada la siguiente línea al archivo

```
export JAVA_HOME=/Library/Java/JavaVirtualMachines/jdk-<version>.jdk/Contents/Home
```

Guarde el archivo y vuelva a cargar la configuración del intérprete de comandos

```
source ~/.bash_profile
```

Establezca JAVA_HOME en Linux:
- Abra una ventana de terminal.
- Edita el archivo ~/.bashrc o ~/.profile con un editor de texto:

```
source ~/.bash_profile
```

Establezca JAVA_HOME en Linux:
- Abra una ventana de terminal.
- Edite el archivo ~/.bashrc o ~/.profile con un editor de texto:

```
nano ~/.bashrc
```

Añada la siguiente línea al archivo:

```
export JAVA_HOME=/usr/lib/jvm/jdk-<version>
```

Guarde el archivo y vuelva a cargar la configuración del intérprete de comandos:

```
source ~/.bashrc
```

Paso 3: Añadir el directorio bin del JDK al PATH del sistema

1. **Añadir a PATH en Windows:**
   - En la ventana "Variables de entorno" (la misma en la que configuró JAVA_HOME), busque la variable "Ruta" en "Variables del sistema" y selecciónela.
   - Haga clic en "Editar" y luego en "Nuevo".
   - Añada la ruta al directorio bin de la instalación del JDK (por ejemplo, C:\Program Files\Java\jdk-<version>\bin).
   - Haga clic en "Aceptar" para guardar los cambios.

2. **Añadir a PATH en macOS y Linux:**
   - Abra una ventana de terminal.
   - Edite el archivo ~/.bash_profile o ~/.bashrc (o ~/.zshrc para zsh)

```
nano ~/.bash_profile
```

Añada la siguiente línea al archivo:

```
export PATH=$PATH:$JAVA_HOME/bin
```

Guarde el archivo y vuelva a cargar la configuración del intérprete de comandos

```
source ~/.bash_profile
```

Paso 4: Verificar la instalación

1. **Abra un símbolo del sistema o un terminal:** Abre una nueva ventana de símbolo del sistema (Windows) o de terminal (macOS/Linux).

2. **Compruebe la versión de Java:** Ejecute el siguiente comando para comprobar la versión de Java instalada:

Deberías ver una salida similar a:

```
java version "17.0.2" 2022-01-18 LTS
Java(TM) SE Runtime Environment (build 17.0.2+8-LTS-86)
Java HotSpot(TM) 64-Bit Server VM (build 17.0.2+8-LTS-86, mixed mode, sharing)
```

3. **Compruebe la versión del compilador de Java:** Ejecute el siguiente comando para comprobar la versión instalada del compilador de Java:

Deberías ver una salida similar a:

```
javac 17.0.2
```

Paso 5: Escriba y ejecute su primer programa Java

1. Cree un nuevo **archivo Java:** Cree un nuevo archivo de texto llamado HelloWorld.java y
   ábralo en un editor de texto. Escriba el siguiente código:

```java
public class HelloWorld {
    public static void main(String[] args) {
        System.out.println("Hello, World!");
    }
}
```

2. Compile el programa Java: Abra un símbolo del sistema o un terminal, vaya al
directorio que contiene HelloWorld.java y ejecútelo:

```
javac HelloWorld.java
```

Ejecute el programa Java compilado: Ejecute el programa Java compilado con el siguiente comando:

```
java HelloWorld
```

Debería ver la salida:

```
Hello, World!
```

Siguiendo estos pasos, habrá configurado con éxito su entorno de desarrollo Java y ejecutado su
primer programa Java.

1. **Descargue e instale el JDK:**

   o   Visite el sitio web oficial de Oracle y descargue el kit de desarrollo de Java
       (JDK) adecuado para su sistema operativo.

   o   Siga las instrucciones de instalación para instalar JDK en su sistema.

2. **Configurar variables de entorno:**

   o   Para Windows:

       1.   Haga clic con el botón derecho del ratón en "Mi PC" o "Este PC" y seleccione
            "Propiedades".

       2.   Haga clic en "Configuración avanzada del sistema".

       3.   Haga clic en el botón "Variables de entorno".

       4.   En "Variables del sistema", haga clic en "Nueva" y añada una nueva
            variable con el nombre JAVA_HOME y la ruta al directorio de instalación
            del JDK.

       5.   Busque la variable Path, haga clic en "Editar" y añada %JAVA_HOME%\bin.

   o   Para Mac/Linux:

       1.   Abre el terminal.

       2.   Abra o cree el archivo .bash_profile en su directorio personal.

       3.   Añade las siguientes líneas:

```
export JAVA_HOME=/path/to/your/jdk
export PATH=$JAVA_HOME/bin:$PATH
```

1. Guarde el archivo y ejecute source ~/.bash_profile para aplicar los cambios.

2. **Verifique la instalación:**

   o Abra una ventana de símbolo del sistema o de terminal.

   o Escriba java -version y javac -version para comprobar que Java está instalado y configurado correctamente.

Ejemplo:

```
$ java -version
java version "17.0.2" 2021-12-14 LTS
Java(TM) SE Runtime Environment (build 17.0.2+8-LTS-86)
Java HotSpot(TM) 64-Bit Server VM (build 17.0.2+8-LTS-86, mixed mode, sharing)
```

Escribir su primer programa Java

Pasos para escribir y ejecutar un programa Java:

1. **Crear un archivo fuente Java:**

   o Abra un editor de texto y cree un nuevo archivo llamado HelloWorld.java.

   o Escriba el siguiente código en el archivo

```java
public class HelloWorld {
    public static void main(String[] args) {
        System.out.println("Hello, World!");
    }
}
```

Compile el archivo fuente Java:

- Abra una ventana de símbolo del sistema o de terminal.
- Navegue hasta el directorio donde está guardado HelloWorld.java.
- Ejecute el siguiente comando para compilar el archivo

```
javac HelloWorld.java
```

- Esto generará un archivo HelloWorld.class en el mismo directorio.

Ejecute el programa Java compilado:

- En el mismo símbolo del sistema o ventana de terminal, ejecute el siguiente comando

```
java HelloWorld
```

Esto ejecutará el programa y mostrará la salida

```
Hello, World!
```

Ejemplo:

```java
// HelloWorld.java
public class HelloWorld {
    public static void main(String[] args) {
        System.out.println("Hello, World!");
    }
}
```

Ejercicio práctico:

1. **Tarea:** Modifica el programa HolaMundo para que imprima tu nombre en lugar de "¡Hola, mundo!".

Solución:

```java
public class HelloWorld {
    public static void main(String[] args) {
        System.out.println("Hello, [Your Name]!");
    }
}
```

2. **Tarea:** Crear un nuevo programa Java que imprima la suma de dos números.

Solución:

```java
public class Sum {
    public static void main(String[] args) {
        int num1 = 10;
        int num2 = 20;
        int sum = num1 + num2;
        System.out.println("The sum is: " + sum);
    }
}
```

Capítulo 2: Conceptos básicos de Java

Sintaxis y estructura de Java

Los programas Java se escriben en archivos de texto sin formato que terminan con la extensión .java. Estos archivos contienen una o varias clases y sus definiciones.

Ejemplo de programa Java básico:

```java
public class HelloWorld {
    public static void main(String[] args) {
        System.out.println("Hello, World!");
    }
}
```

Explicación:

- clase pública HolaMundo: Define una clase pública llamada HolaMundo.

- public static void main(String[] args): El método main, que es el punto de entrada de cualquier aplicación Java.

- System.out.println("¡Hola, mundo!");: Imprime "¡Hola, mundo!" en la consola.

Práctica:
1. Escribe un programa Java que imprima tu nombre.

2. Escribe un programa Java que imprima la suma de dos números.

```java
public class PrintName {
    public static void main(String[] args) {
        System.out.println("Craig");
    }
}
```

Explicación:

- La clase PrintName contiene un método main, que es el punto de entrada del programa.

- System.out.println("Craig"); imprime el nombre "Craig" en la consola.

```java
public class SumOfTwoNumbers {
    public static void main(String[] args) {
        int num1 = 10;  // First number
        int num2 = 20;  // Second number
        int sum = num1 + num2;  // Calculate the sum
        System.out.println("The sum of " + num1 + " and " + num2 + " is: " + sum);
    }
}
```

Explicación:

- La clase SumOfTwoNumbers contiene un método main.

- Se declaran dos variables enteras, num1 y num2, y se inicializan con los valores 10 y 20, respectivamente.

- La variable suma se calcula sumando num1 y num2.

- System.out.println("La suma de " + num1 + " y " + num2 + " es: " + sum); imprime el resultado de la suma en la consola en una cadena formateada.

Estos ejemplos ayudan a comprender los fundamentos de la sintaxis de Java y el uso de variables y operadores. Modificando y experimentando con estos programas, podrá sentirse más cómodo escribiendo y ejecutando código Java.

Estructura del programa Java

1. **Declaración del paquete (opcional):**

   o Los paquetes se utilizan para agrupar clases relacionadas. La declaración de paquete es la primera línea de un archivo fuente Java.

```
package com.example.myapp;
```

Declaraciones de importación (opcional):

- Se utiliza para importar otras clases Java en su código.

```
import java.util.Scanner;
```

Declaración de clase:

- La clase es la unidad fundamental de los programas Java. Toda aplicación Java tiene al menos una clase.

```
public class HelloWorld {
    // Fields, constructors, methods go here
}
```

Método principal:

- El punto de entrada de cualquier aplicación Java.

```
public static void main(String[] args) {
    System.out.println("Hello, World!");
}
```

Ejemplo:

```java
package com.example.myapp;

import java.util.Scanner;

public class HelloWorld {
    public static void main(String[] args) {
        System.out.println("Hello, World!");
    }
}
```

Tipos de datos y variables

Java es un lenguaje fuertemente tipado, lo que significa que cada variable debe tener un tipo de datos.

Tipos de datos primitivos:

int: Número entero (por ejemplo, int edad = 25;)

double: Punto flotante de doble precisión (por ejemplo, double precio = 19,99;) char: Carácter (por ejemplo, char grado = 'A';)

boolean: booleano (por ejemplo, boolean isJavaFun = true;)

1. **byte:** entero de 8 bits (-128 a 127)

2. **short:** entero de 16 bits (-32.768 a 32.767)

3. **int:** número entero de 32 bits (-2^{31} a $2^{31}-1$)

4. **long:** entero de 64 bits (-2^{63} a $2^{63}-1$)

5. **float:** coma flotante de 32 bits

6. **double:** coma flotante de 64 bits

7. **char:** carácter Unicode de 16 bits

8. **booleano:** verdadero o falso

Por ejemplo:

```
int age = 25;
double salary = 50000.75;
char grade = 'A';
boolean isEmployed = true;
```

Tipos de datos de referencia:

Cadena: Secuencia de caracteres (por ejemplo, String mensaje = "Hola";)

- Clases, matrices, interfaces, etc.

Por ejemplo:

```
string name = "John Doe";
int[] numbers = {1, 2, 3, 4, 5};
```

Declaración e inicialización de variables:

```
int num = 10;
double salary = 3500.50;
char initial = 'J';
boolean isActive = true;
String name = "John";
```

Práctica:

1. Declarar e inicializar variables de diferentes tipos e imprimirlas.

2. Escribe un programa para intercambiar dos números utilizando una variable temporal.

```java
public class VariableTypes {
    public static void main(String[] args) {
        int num = 25;                          // Integer variable
        double price = 19.99;                  // Double variable
        char grade = 'A';                      // Char variable
        boolean isJavaFun = true;              // Boolean variable
        String message = "Hello, World!";  // String variable

        System.out.println("Integer: " + num);
        System.out.println("Double: " + price);
        System.out.println("Char: " + grade);
        System.out.println("Boolean: " + isJavaFun);
        System.out.println("String: " + message);
    }
}
```

Explicación:

- La clase VariableTypes contiene un método main.

- Se declaran diferentes tipos de variables y se inicializan con valores.

- System.out.println se utiliza para imprimir cada variable en la consola

```java
public class SwapNumbers {
    public static void main(String[] args) {
        int num1 = 10;  // First number
        int num2 = 20;  // Second number

        System.out.println("Before swapping:");
        System.out.println("num1 = " + num1);
        System.out.println("num2 = " + num2);

        // Swapping logic using a temporary variable
        int temp = num1;
        num1 = num2;
        num2 = temp;

        System.out.println("After swapping:");
        System.out.println("num1 = " + num1);
        System.out.println("num2 = " + num2);
    }
}
```

Explicación:

- La clase SwapNumbers contiene un método main.

- Se declaran dos variables enteras, num1 y num2, y se inicializan con los valores 10 y 20, respectivamente.

- Los valores originales de num1 y num2 se imprimen en la consola.

- Se utiliza una variable temporal temp para mantener el valor de num1 durante el intercambio.

- Los valores de num1 y num2 se intercambian utilizando la variable temporal.

- Los valores intercambiados de num1 y num2 se imprimen en la consola.

Estos ejemplos ilustran cómo declarar y utilizar diferentes tipos de variables, así como cómo realizar operaciones básicas como intercambiar valores utilizando una variable temporal. Practicando estos conceptos, reforzarás tu comprensión de la manipulación de variables en Java.

Operadores y expresiones

Los operadores se utilizan para realizar operaciones con variables y valores.

Operadores aritméticos:

- + Suma
- - Resta
- * Multiplicación
- / División
- Módulo

Ejemplo:

```
int sum = 10 + 5;
int difference = 10 - 5;
int product = 10 * 5;
int quotient = 10 / 5;
int remainder = 10 % 5;
```

Operadores aritméticos:

-+ (suma), - (resta), * (multiplicación), / (división), % (módulo)

Por ejemplo:

```
int a = 10;
int b = 20;
int sum = a + b;   // 30
```

Operadores relacionales:

- == Igual a

• != No igual a

• > Mayor que

• < Menos de

• >= Mayor o igual que

• <= Inferior o igual a

Por ejemplo:

```
boolean isEqual = (10 == 5);
boolean isNotEqual = (10 != 5);
boolean isGreater = (10 > 5);
boolean isLesser = (10 < 5);
```

Operadores relacionales:

- == (igual a), != (no igual a), > (mayor que), < (menor que), >= (mayor o igual que),
  <= (menor o igual que)

Por ejemplo:

```
boolean result = (a > b);  // false
```

38

Operadores lógicos:

- && AND lógico
- || OR lógico
- ¡! Lógico NOT

```
boolean result = (10 > 5) && (5 < 10);
boolean result2 = (10 > 5) || (5 > 10);
boolean result3 = !(10 > 5);
```

Operadores lógicos:

- && (AND lógico), || (OR lógico), ! (NOT lógico)

Por ejemplo:

```
boolean result = (a > 5 && b < 30);  // true
```

Operadores de asignación:

- =, +=, -=, *=, /=, %=

Por ejemplo:

```
int x = 10;
x += 5;   // 15
```

Práctica:

1. Escribe un programa para calcular el área y el perímetro de un rectángulo.

2. Escribe un programa para comprobar si un número es par o impar.

Ejercicio práctico Soluciones 1

1. Escribe un programa para calcular el área y el perímetro de un rectángulo. Solución:

```java
public class Rectangle {
    public static void main(String[] args) {
        double length = 5.0;  // Length of the rectangle
        double width = 3.0;   // Width of the rectangle

        double area = length * width;           // Calculate the area
        double perimeter = 2 * (length + width);   // Calculate the perimeter

        System.out.println("Area of the rectangle: " + area);
        System.out.println("Perimeter of the rectangle: " + perimeter);
    }
}
```

Explicación:

- La clase Rectángulo contiene un método main.

- Se declaran dos variables dobles, longitud y anchura, y se inicializan con valores.

- La superficie se calcula multiplicando la longitud y la anchura.

- El perímetro se calcula sumando la longitud y la anchura y multiplicando por 2.

- System.out.println se utiliza para imprimir el área y el perímetro en la consola.

Soluciones de ejercicios prácticos 2

Escribe un programa para comprobar si un número es par o impar.

Solución:

```java
import java.util.Scanner;

public class EvenOrOdd {
    public static void main(String[] args) {
        Scanner scanner = new Scanner(System.in);  // Create a Scanner object for user inp

        System.out.print("Enter a number: ");
        int number = scanner.nextInt();  // Read an integer from the user

        if (number % 2 == 0) {
            System.out.println(number + " is even.");
        } else {
            System.out.println(number + " is odd.");
        }

        scanner.close();  // Close the scanner object
    }
}
```

Explicación:

- La clase EvenOrOdd contiene un método main.

- Se crea un objeto Scanner para leer la entrada del usuario.

- Se pide al usuario que introduzca un número mediante System.out.print.

- El número introducido se lee utilizando scanner.nextInt.

- Se utiliza una sentencia if-else para comprobar si el número es par o impar utilizando el operador de módulo %.

- Si el resto al dividir un número por 2 es 0, el número es par; en caso contrario, es impar.

- El resultado se imprime en la consola.

- El método scanner.close() es llamado para cerrar el objeto scanner.

Estos ejemplos muestran cálculos básicos y el flujo de control mediante sentencias if-else. La práctica de estos ejercicios le ayudará a comprender cómo realizar operaciones aritméticas y manejar la entrada del usuario en Java.

Declaraciones de flujo de control

Las sentencias de flujo de control determinan el orden de ejecución de las sentencias. Permiten realizar bifurcaciones y bucles, y ofrecen la posibilidad de ejecutar código de forma condicional o repetida.

si Declaración:

```
if (a > b) {
    System.out.println("a is greater than b");
}
```

Declaración If-Else

La sentencia if-else permite ejecutar código en función de una condición.

Sintaxis:

```
if (condition) {
    // Code to execute if condition is true
} else {
    // Code to execute if condition is false
}
```

Por ejemplo:

```java
public class IfElseExample {
    public static void main(String[] args) {
        int number = 10;

        if (number > 0) {
            System.out.println(number + " is positive.");
        } else {
            System.out.println(number + " is negative or zero.");
        }
    }
}
```

```java
if (a > b) {
    System.out.println("a is greater than b");
} else {
    System.out.println("a is not greater than b");
}
```

Práctica

1. Escribe un programa para comprobar si un número dado es positivo, negativo o cero. Practica: Comprobar si un número dado es positivo, negativo o cero

Solución

```java
import java.util.Scanner;

public class CheckNumber {
    public static void main(String[] args) {
        Scanner scanner = new Scanner(System.in);  // Create a Scanner object for user inp

        System.out.print("Enter a number: ");
        double number = scanner.nextDouble();  // Read a number from the user

        if (number > 0) {
            System.out.println(number + " is positive.");
        } else if (number < 0) {
            System.out.println(number + " is negative.");
        } else {
            System.out.println("The number is zero.");
        }

        scanner.close();  // Close the scanner object
    }
}
```

Explicación:

*   La clase CheckNumber contiene un método main.

*   Se crea un objeto Scanner para leer la entrada del usuario.

*   Se pide al usuario que introduzca un número mediante System.out.print.

*   El número introducido se lee utilizando scanner.nextDouble.

*   Se utiliza una sentencia if-else-if para comprobar si el número es positivo, negativo o cero:

45

- o Si el número es mayor que 0, es positivo.

- o Si el número es menor que 0, es negativo.

- o Si el número es igual a 0, es cero.

- El resultado se imprime en la consola.

- El método scanner.close() es llamado para cerrar el objeto scanner.

Probar el programa

Puede compilar y ejecutar este programa para ver cómo funciona con diferentes entradas:

```
javac CheckNumber.java
java CheckNumber
```

Recorridos de muestra:

```
Enter a number: 10
10.0 is positive.
```

```
Enter a number: -5
-5.0 is negative.
```

```
Enter a number: 0
The number is zero.
```

Practicando y ejecutando este programa, puede ver cómo las sentencias de flujo de control como if-else- if pueden utilizarse para tomar decisiones basadas en la entrada del usuario en Java.

Declaración de cambio

La sentencia switch permite ejecutar un bloque de código entre varios en función del valor de una expresión.

Sintaxis:

```
switch (expression) {
    case value1:
        // Code to execute if expression == value1
        break;
    case value2:
        // Code to execute if expression == value2
        break;
    // You can have any number of case statements.
    default:
        // Code to execute if expression does not match any case
}
```

Ejemplo:

```java
public class SwitchExample {
    public static void main(String[] args) {
        int day = 3;
        String dayName;

        switch (day) {
            case 1:
                dayName = "Monday";
                break;
            case 2:
                dayName = "Tuesday";
                break;
            case 3:
                dayName = "Wednesday";
                break;
            case 4:
                dayName = "Thursday";
                break;
            case 5:
                dayName = "Friday";
                break;
            case 6:
                dayName = "Saturday";
                break;
            case 7:
                dayName = "Sunday";
                break;
            default:
                dayName = "Invalid day";
                break;
        }

        System.out.println("Day " + day + " is " + dayName);
    }
}
```

```java
int day = 3;
switch (day) {
    case 1:
        System.out.println("Monday");
        break;
    case 2:
        System.out.println("Tuesday");
        break;
    case 3:
        System.out.println("Wednesday");
        break;
    default:
        System.out.println("Other day");
}
```

Práctica:

1. Escribe un programa para imprimir el nombre del mes en función del número del mes (1-12).

Solución

```java
import java.util.Scanner;

public class MonthName {
    public static void main(String[] args) {
        Scanner scanner = new Scanner(System.in);  // Create a Scanner object for user inp

        System.out.print("Enter the month number (1-12): ");
        int monthNumber = scanner.nextInt();  // Read an integer from the user

        String monthName;

        switch (monthNumber) {
            case 1:
                monthName = "January";
                break;
            case 2:
                monthName = "February";
                break;
            case 3:
                monthName = "March";
                break;
            case 4:
                monthName = "April";
                break;
            case 5:
                monthName = "May";
                break;
            case 6:
                monthName = "June";
                break;
            case 7:
                monthName = "July";
                break;
            case 8:
                monthName = "August";
                break;
            case 9:
                monthName = "September";
                break;
            case 10:
                monthName = "October";
                break;
            case 11:
                monthName = "November";
                break;
            case 12:
                monthName = "December";
                break;
            default:
                monthName = "Invalid month number. Please enter a number between 1 and 12.
                break;
        }

        System.out.println("Month: " + monthName);

        scanner.close();  // Close the scanner object
    }
}
```

Explicación:

- La clase MonthName contiene un método main.

- Se crea un objeto Scanner para leer la entrada del usuario.

- Se pide al usuario que introduzca un número de mes mediante System.out.print.

- El número de mes introducido se lee utilizando scanner.nextInt.

- Se utiliza una sentencia switch para determinar el nombre del mes en función del número de mes:

  - Cada caso corresponde a un número de mes (1-12), estableciendo la variable monthName con el nombre del mes apropiado.

  - El caso por defecto maneja los números de mes inválidos estableciendo monthName en un mensaje de error.

- El resultado se imprime en la consola.

- El método scanner.close() es llamado para cerrar el objeto scanner.

Probar el programa

Puedes compilar y ejecutar este programa para ver cómo funciona con diferentes entradas:

```
javac MonthName.java
java MonthName
```

```
Enter the month number (1-12): 3
Month: March
```

```
Enter the month number (1-12): 11
Month: November
```

```
Enter the month number (1-12): 15
Month: Invalid month number. Please enter a number between 1 and 12.
```

Practicando y ejecutando este programa, podrá ver cómo las sentencias de flujo de control como switch pueden utilizarse para manejar múltiples condiciones en Java.

El bucle for en Java se utiliza para ejecutar un bloque de código un número fijo de veces. Consta de tres partes: inicialización, condición y actualización. Estas partes controlan el número de iteraciones que ejecutará el bucle.

Sintaxis

```
for (initialization; condition; update) {
    // Code to be executed repeatedly
}
```

```
for (int i = 0; i < 5; i++) {
    System.out.println("i = " + i);
}
```

 Inicialización: Esta parte se ejecuta sólo una vez, al principio del bucle. Normalmente declara e inicializa las variables de control del bucle.

 Condición: Se evalúa antes de cada iteración. Si la condición es verdadera, se ejecuta el cuerpo del bucle. Si es falsa, el bucle termina.

 Actualización: Esta parte se ejecuta después de cada iteración del cuerpo del bucle. Normalmente actualiza las variables de control del bucle.

Ejemplo: Imprimir números del 1 al 5

```java
public class ForLoopExample {
    public static void main(String[] args) {
        for (int i = 1; i <= 5; i++) {
            System.out.println("i = " + i);
        }
    }
}
```

Explicación:

- El bucle for comienza con i inicializado a 1.

- La condición i <= 5 garantiza que el bucle se ejecute mientras i sea menor o igual que 5.

- Después de cada iteración, i se incrementa en 1 utilizando i++.

1. Escribir un programa para imprimir los 10 primeros números naturales

Solución:

```java
public class FirstTenNaturalNumbers {
    public static void main(String[] args) {
        for (int i = 1; i <= 10; i++) {
            System.out.println(i);
        }
    }
}
```

Probar el programa

Puedes compilar y ejecutar este programa para ver cómo funciona:

```
javac FirstTenNaturalNumbers.java

java FirstTenNaturalNumbers
```

Resultado esperado:

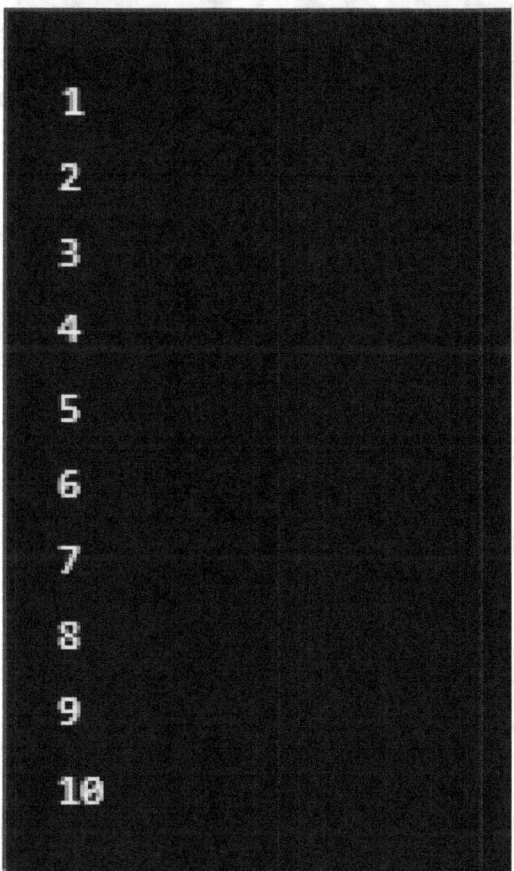

```
1
2
3
4
5
6
7
8
9
10
```

Explicación:

- El bucle inicializa i en 1 e incrementa i en 1 en cada iteración.

- La condición i <= 10 garantiza que el bucle se ejecute diez veces, imprimiendo los números del 1 al 10.

2. **Escribe un programa para imprimir la suma de los 10 primeros números naturales**

Solución

```java
public class SumOfFirstTenNumbers {
    public static void main(String[] args) {
        int sum = 0;
        for (int i = 1; i <= 10; i++) {
            sum += i;
        }
        System.out.println("The sum of the first 10 natural numbers is: " + sum);
    }
}
```

Explicación:

- El bucle inicializa i en 1 e incrementa i en 1 en cada iteración.

- La condición i <= 10 garantiza que el bucle se ejecute diez veces.

- La variable suma acumula la suma de i en cada iteración.

- La suma final se imprime una vez finalizado el bucle.

Probar el programa

Puedes compilar y ejecutar este programa para ver cómo funciona:

```
javac SumOfFirstTenNumbers.java
java SumOfFirstTenNumbers
```

Resultado esperado:

```
The sum of the first 10 natural numbers is: 55
```

Practicando estos ejemplos, se sentirá cómodo utilizando bucles for para realizar tareas repetitivas en Java.

Bucle While

El bucle while en Java se utiliza para ejecutar repetidamente un bloque de código mientras se cumpla una condición especificada. Resulta especialmente útil cuando no se conoce de antemano el número de iteraciones.

Sintaxis

```
while (condition) {
    // Code to be executed repeatedly
}
```

- **Condición**: Se evalúa antes de cada iteración. Si la condición es verdadera, se ejecuta el cuerpo del bucle. Si es falsa, el bucle termina.

Ejemplo: Imprimir números del 1 al 5

```java
public class WhileLoopExample {
    public static void main(String[] args) {
        int i = 1;  // Initialization

        while (i <= 5) {  // Condition
            System.out.println("i = " + i);
            i++;  // Update
        }
    }
}
```

Explicación:

- El bucle inicializa i a 1.

- La condición i <= 5 garantiza que el bucle se ejecute mientras i sea menor o igual que 5.

- Después de cada iteración, i se incrementa en 1 utilizando i++.

mientras Loop:

```
int i = 0;
while (i < 5) {
    System.out.println("i = " + i);
    i++;
}
```

Práctica

1. Escribe un programa para imprimir la suma de los 10 primeros números naturales usando un bucle while

Solución:

```
public class SumOfFirstTenNumbersWhile {
    public static void main(String[] args) {
        int sum = 0;
        int i = 1;  // Initialization

        while (i <= 10) {  // Condition
            sum += i;  // Add i to sum
            i++;  // Update
        }

        System.out.println("The sum of the first 10 natural numbers is: " + sum);
    }
}
```

Explicación:

- El bucle inicializa i a 1.

- La condición i <= 10 garantiza que el bucle se ejecute mientras i sea menor o igual que 10.

- La variable suma acumula la suma de i en cada iteración.

- La suma final se imprime una vez finalizado el bucle.

Probar el programa

Puedes compilar y ejecutar este programa para ver cómo funciona:

```
javac SumOfFirstTenNumbersWhile.java
java SumOfFirstTenNumbersWhile
```

Resultado esperado:

```
The sum of the first 10 natural numbers is: 55
```

3. **Escribe un programa para imprimir los 10 primeros números pares usando un bucle while**

Solución

```java
public class FirstTenEvenNumbers {
    public static void main(String[] args) {
        int i = 1;  // Counter for even numbers
        int num = 2;  // Start with the first even number

        while (i <= 10) {  // Condition to print 10 even numbers
            System.out.println(num);
            num += 2;  // Move to the next even number
            i++;  // Increment the counter
        }
    }
}
```

Explicación:

- El bucle inicializa i a 1 y num a 2.

- La condición i <= 10 garantiza que el bucle se ejecute 10 veces.

- num comienza en 2 y se incrementa en 2 en cada iteración para obtener el siguiente número par.

- Los 10 primeros números pares se imprimen en la consola.

Probar el programa

Puedes compilar y ejecutar este programa para ver cómo funciona:

```
javac FirstTenEvenNumbers.java
java FirstTenEvenNumbers
```

Resultado esperado:

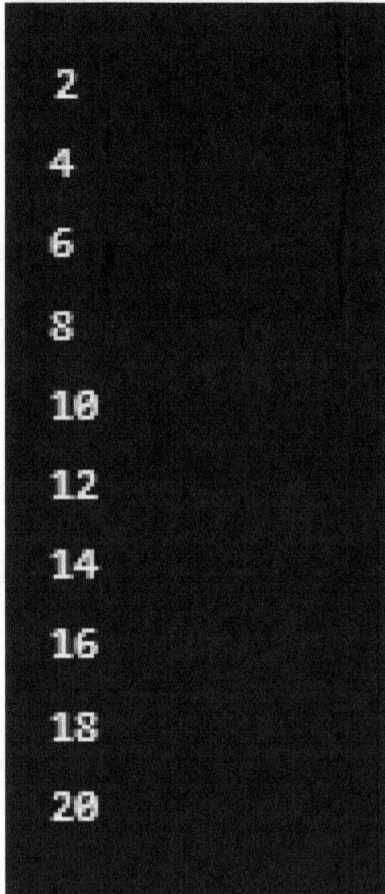

```
2
4
6
8
10
12
14
16
18
20
```

Practicando estos ejemplos, se sentirá cómodo utilizando bucles while para realizar tareas repetitivas en Java, especialmente cuando el número de iteraciones no está predeterminado.

Bucle Do-While

El bucle do-while en Java es similar al bucle while, pero garantiza que el cuerpo del bucle se ejecuta al menos una vez. Esto se debe a que la condición se evalúa después de que se haya ejecutado el cuerpo del bucle, no antes.

Bucle do-while:

```java
int i = 0;
do {
    System.out.println("i = " + i);
    i++;
} while (i < 5);
```

Sintaxis

```java
do {
    // Code to be executed repeatedly
} while (condition);
```

- **Bloque de código**: El código dentro del bloque do se ejecuta al menos una vez y luego repetidamente hasta que la condición se evalúe como falsa.

- **Condición**: Se evalúa después de cada iteración del bucle. Si la condición es verdadera, el bucle continúa; en caso contrario, termina.

Ejemplo: Imprimir números del 1 al 5

```java
public class DoWhileLoopExample {
    public static void main(String[] args) {
        int i = 1;  // Initialization

        do {
            System.out.println("i = " + i);
            i++;  // Update
        } while (i <= 5);  // Condition

    }
}
```

Explicación:

- El bucle inicializa i a 1.

- El código dentro del bloque do se ejecuta, imprimiendo el valor de i.

- Tras la impresión, i se incrementa en 1.

- La condición i <= 5 se comprueba después de que se ejecute el cuerpo del bucle. Mientras i sea menor o igual que 5, el bucle continúa.

Práctica

1. Escribir un Programa para Imprimir la Suma de los 10 Primeros Números Naturales Usando un Bucle Do-While

Solución

```java
public class SumOfFirstTenNumbersDoWhile {
    public static void main(String[] args) {
        int sum = 0;
        int i = 1;  // Initialization

        do {
            sum += i;  // Add i to sum
            i++;  // Update
        } while (i <= 10);  // Condition

        System.out.println("The sum of the first 10 natural numbers is: " + sum);
    }
}
```

Explicación:

- El bucle inicializa i a 1.

- El código dentro del bloque do suma i a sum e incrementa i en 1.

- La condición i <= 10 garantiza que el bucle se ejecute mientras i sea menor o igual que 10.

- La suma final se imprime una vez finalizado el bucle.

Probar el programa

Puedes compilar y ejecutar este programa para ver cómo
funciona:

```
javac SumOfFirstTenNumbersDoWhile.java

java SumOfFirstTenNumbersDoWhile
```

Resultado esperado:

```
The sum of the first 10 natural numbers is: 55
```

2. Escribir un Programa para Imprimir los 10 Primeros Números Impares Usando un Bucle Do-While

Solución:

```java
public class FirstTenOddNumbers {
    public static void main(String[] args) {
        int i = 1;  // Counter for odd numbers
        int count = 0;  // Count of odd numbers printed

        do {
            System.out.println(i);
            i += 2;  // Move to the next odd number
            count++;  // Increment the count
        } while (count < 10);  // Condition to print 10 odd numbers

    }
}
```

Explicación:

- El bucle inicializa i a 1 y count a 0.

- El código dentro del bloque do imprime i (el número impar actual) e incrementa i en 2 para obtener el siguiente número impar.

- se incrementa cada vez que se imprime un número impar.

- El bucle continúa hasta que la cuenta llega a 10.

Probar el programa

Puedes compilar y ejecutar este programa para ver cómo
funciona:

```
javac FirstTenOddNumbers.java
java FirstTenOddNumbers
```

Resultado esperado:

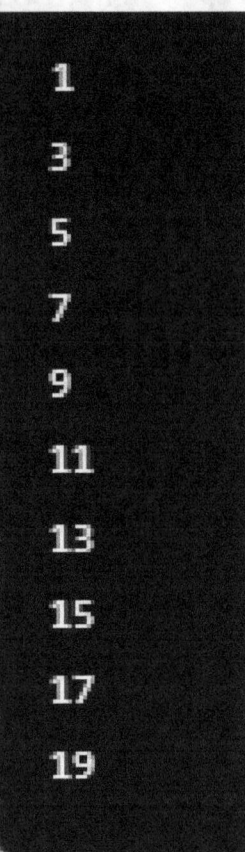

```
1

3

5

7

9

11

13

15

17

19
```

Practicando estos ejemplos, entenderá cómo funcionan los bucles do-while y verá su ventaja en escenarios en los que el cuerpo del bucle debe ejecutarse al menos una vez independientemente de la condición

71

Introducción a la programación orientada a objetos (POO)

La programación orientada a objetos (POO) es un paradigma de programación basado en el concepto de "objetos", que pueden contener datos en forma de campos (a menudo conocidos como atributos o propiedades) y código en forma de procedimientos (a menudo conocidos como métodos). Java es un lenguaje orientado a objetos que aprovecha este paradigma para estructurar programas de forma modular y reutilizable.

Conceptos básicos de las clases de programación orientada a objetos en Java

Una clase en Java es un plano o plantilla para crear objetos. Define un tipo de objeto especificando sus propiedades (campos) y comportamientos (métodos). Las clases encapsulan los datos del objeto y los métodos para manipularlos.

Estructura de una clase

Una clase suele constar de los siguientes componentes:

1. **Campos (Atributos o Propiedades)**: Variables que contienen los datos del objeto.

2. **Métodos**: Funciones que definen el comportamiento del objeto.

3. **Constructores**: Métodos especiales utilizados para inicializar nuevos objetos.

4. **Modificadores de acceso**: Palabras clave que controlan la visibilidad de la clase y sus miembros (por ejemplo, public, private, protected).

Sintaxis de una clase

```java
public class MyClass {
    // Fields (attributes or properties)
    int myNumber;
    String myString;

    // Constructor
    MyClass(int number, String text) {
        myNumber = number;
        myString = text;
    }

    // Methods
    void display() {
        System.out.println("Number: " + myNumber);
        System.out.println("String: " + myString);
    }

    // Method with return value
    int getNumber() {
        return myNumber;
    }
}
```

Ejemplo de creación y utilización de una clase

```java
public class Main {
    public static void main(String[] args) {
        // Create an object of MyClass
        MyClass obj = new MyClass(10, "Hello World");

        // Access fields and methods
        obj.display();  // Calls the display method

        int number = obj.getNumber();  // Calls the getNumber method and stores the result
        System.out.println("Number from getNumber(): " + number);
    }
}
```

Explicación:

1. **Definición de la clase**: MyClass define dos campos (myNumber y myString), un constructor y dos métodos (display y getNumber).

2. **Constructor**: Inicializa miNúmero y miCadena con los valores proporcionados al crear un objeto.

3. **Métodos**: display imprime los valores de myNumber y myString. getNumber devuelve el valor de myNumber.

4. **Creación de objetos**: En la clase Principal, MyClass obj = new MyClass(10, "Hola Mundo"); crea un nuevo objeto de MyClass, inicializando sus campos mediante el constructor.

5. **Llamadas a métodos**: obj.display(); llama al método display en el objeto obj. obj.getNumber(); llama al método getNumber para recuperar el valor de miNúmero.

Modificadores de acceso

Los modificadores de acceso controlan la visibilidad y accesibilidad de clases, campos, constructores y métodos:

- **público**: El miembro es accesible desde cualquier otra clase.

- **privado**: El miembro sólo es accesible dentro de la propia clase.

- **protegido**: El miembro es accesible dentro del mismo paquete y por subclases.

- **Por defecto (sin modificador)**: El miembro sólo es accesible dentro del mismo paquete.

Ejemplo de modificadores de acceso:

```java
public class AccessModifiersExample {
    public int publicField;    // Accessible from anywhere
    private int privateField;  // Accessible only within this class
    protected int protectedField;  // Accessible within the same package and subclasses
    int defaultField;          // Accessible only within the same package

    // Constructor
    AccessModifiersExample(int publicValue, int privateValue, int protectedValue, int defa
        publicField = publicValue;
        privateField = privateValue;
        protectedField = protectedValue;
        defaultField = defaultValue;
    }

    // Method
    public void display() {
        System.out.println("Public Field: " + publicField);
        System.out.println("Private Field: " + privateField);
        System.out.println("Protected Field: " + protectedField);
        System.out.println("Default Field: " + defaultField);
    }
}
```

1. **Crear un archivo de clase**: Guarde la definición de la clase en un archivo .java.

2. **Compilar**: Utilice javac NombreClase.java para compilar la clase.

3. **Ejecutar**: Utiliza java Main para ejecutar la clase Main que utiliza la clase definida.

Una clase en Java es una construcción fundamental que permite crear objetos con atributos y comportamientos específicos. Mediante la definición de campos, métodos y constructores, puede modelar entidades del mundo real y organizar el código de forma modular y reutilizable. Experimente creando sus propias clases para comprender mejor su funcionalidad y uso.

Clase

   o   Una clase es un plano o plantilla para crear objetos. Define un tipo de objeto agrupando datos y métodos que operan con esos datos.

Sintaxis

```java
public class MyClass {
    // Fields
    int myNumber;
    String myString;

    // Constructor
    MyClass(int number, String text) {
        myNumber = number;
        myString = text;
    }

    // Method
    void display() {
        System.out.println("Number: " + myNumber);
        System.out.println("String: " + myString);
    }
}
```

Ejemplos prácticos

1. Creación de una clase Persona

Objetivo: Definir una clase Persona con atributos para nombre y edad. Incluir métodos para mostrar los detalles de la persona y comprobar si la persona es un adulto.

Solución:

```java
public class Person {
    // Fields
    private String name;
    private int age;

    // Constructor
    public Person(String name, int age) {
        this.name = name;
        this.age = age;
    }

    // Method to display person details
    public void displayDetails() {
        System.out.println("Name: " + name);
        System.out.println("Age: " + age);
    }

    // Method to check if the person is an adult
    public boolean isAdult() {
        return age >= 18;
    }

    // Main method to test the Person class
    public static void main(String[] args) {
        Person person1 = new Person("Alice", 30);
        Person person2 = new Person("Bob", 15);

        person1.displayDetails();
        System.out.println("Is Adult: " + person1.isAdult());

        person2.displayDetails();
        System.out.println("Is Adult: " + person2.isAdult());
    }
}
```

Explicación:

- **Campos:** nombre y edad.

- **Constructor:** Inicializa los campos nombre y edad.

- **Métodos:** displayDetails imprime el nombre y la edad de la persona, isAdult devuelve si la persona es adulta.

- **Pruebas:** En el método principal se crean dos objetos Persona y se muestran sus datos y su estado de adultez.

2. Creación de una clase BankAccount

Objetivo: Definir una clase BankAccount con atributos para número de cuenta y saldo. Incluir métodos para depositar, retirar y comprobar el saldo.

Solución:

```java
public class BankAccount {
    // Fields
    private String accountNumber;
    private double balance;

    // Constructor
    public BankAccount(String accountNumber, double initialBalance) {
        this.accountNumber = accountNumber;
        this.balance = initialBalance;
    }

    // Method to deposit money
    public void deposit(double amount) {
        if (amount > 0) {
            balance += amount;
            System.out.println("Deposited: $" + amount);
        } else {
            System.out.println("Deposit amount must be positive.");
        }
    }

    // Method to withdraw money
    public void withdraw(double amount) {
        if (amount > 0 && amount <= balance) {
            balance -= amount;
            System.out.println("Withdrew: $" + amount);
        } else {
            System.out.println("Insufficient balance or invalid amount.");
        }
    }

    // Method to check balance
    public double getBalance() {
        return balance;
    }

    // Main method to test the BankAccount class
    public static void main(String[] args) {
        BankAccount account = new BankAccount("123456789", 500.00);

        System.out.println("Initial Balance: $" + account.getBalance());
        account.deposit(150.00);
        account.withdraw(100.00);
        System.out.println("Final Balance: $" + account.getBalance());
    }
}
```

Explicación:

- **Campos:** accountNumber y balance.

- **Constructor:** Inicializa el número de cuenta y el saldo.

- **Métodos:** depositar añade dinero al saldo, retirar deduce dinero del saldo y getBalance devuelve el saldo actual.

- **Pruebas:** En el método principal, se crea un objeto BankAccount y se demuestran las operaciones de depósito, retirada y comprobación de saldo.

3. Creación de una clase rectángulo

Objetivo: Definir una clase Rectángulo con atributos para la anchura y la altura. Incluir métodos para calcular el área y el perímetro del rectángulo.

Solución

```java
public class Rectangle {
    // Fields
    private double width;
    private double height;

    // Constructor
    public Rectangle(double width, double height) {
        this.width = width;
        this.height = height;
    }

    // Method to calculate area
    public double getArea() {
        return width * height;
    }

    // Method to calculate perimeter
    public double getPerimeter() {
        return 2 * (width + height);
    }

    // Main method to test the Rectangle class
    public static void main(String[] args) {
        Rectangle rect = new Rectangle(5.0, 3.0);

        System.out.println("Width: " + rect.width);
        System.out.println("Height: " + rect.height);
        System.out.println("Area: " + rect.getArea());
        System.out.println("Perimeter: " + rect.getPerimeter());
    }
}
```

Explicación:

- **Campos:** anchura y altura.

- **Constructor:** Inicializa la anchura y la altura.

- **Métodos:** getArea devuelve el área del rectángulo, getPerimeter devuelve el perímetro.

- **Pruebas:** En el método principal se crea un objeto Rectángulo y se calcula su área y perímetro.

Estos ejemplos prácticos cubren la creación de clases, la inicialización de objetos y el uso de métodos. Experimentando con estos ejemplos, comprenderás mejor cómo definir y utilizar clases en Java. Siéntete libre de modificar y ampliar estos ejemplos para avanzar en tu aprendizaje.

Objetos en Java

En la programación orientada a objetos (POO), los objetos son instancias de clases. Son los bloques de construcción fundamentales de un programa y representan entidades o conceptos del mundo real. Un objeto encapsula tanto datos como comportamientos relacionados con esos datos.

Conceptos clave de los objetos

1. **Creación de objetos**

2. **Acceso a los campos y métodos de los objetos**

3. **Inicialización de objetos**

4. **Referencias de objetos**

Creación de objetos

Para crear un objeto en Java, se utiliza la palabra clave new seguida del constructor de la clase. Este proceso asigna memoria para el objeto y lo inicializa utilizando el constructor.

Ejemplo

```java
public class Car {
    // Fields (attributes)
    String model;
    int year;

    // Constructor
    public Car(String model, int year) {
        this.model = model;
        this.year = year;
    }

    // Method
    public void displayInfo() {
        System.out.println("Model: " + model);
        System.out.println("Year: " + year);
    }
}

// Main class to create and use objects
public class Main {
    public static void main(String[] args) {
        // Creating an object of Car
        Car myCar = new Car("Toyota Camry", 2022);

        // Accessing object methods
        myCar.displayInfo();
    }
}
```

2. Acceso a los campos y métodos de los objetos

Una vez creado un objeto, puede acceder a sus campos y métodos mediante el operador punto (.).

Por ejemplo:

```java
public class Person {
    // Fields
    String name;
    int age;

    // Constructor
    public Person(String name, int age) {
        this.name = name;
        this.age = age;
    }

    // Method
    public void greet() {
        System.out.println("Hello, my name is " + name + " and I am " + age + " years old.
    }
}

// Main class to create and use objects
public class Main {
    public static void main(String[] args) {
        // Creating an object of Person
        Person person = new Person("Alice", 30);

        // Accessing object fields
        System.out.println(person.name);
        System.out.println(person.age);

        // Accessing object method
        person.greet();
    }
}
```

3. Inicialización de objetos

Los objetos pueden inicializarse mediante constructores, que pueden ser parametrizados o por defecto. Si no se define explícitamente ningún constructor, Java proporciona un constructor por defecto.

Ejemplo de constructor parametrizado:

```java
public class Book {
    // Fields
    String title;
    String author;

    // Parameterized Constructor
    public Book(String title, String author) {
        this.title = title;
        this.author = author;
    }
}
```

Ejemplo de constructor por defecto:

```
public class Book {
    // Fields
    string title;
    string author;

    // Default Constructor
    public Book() {
        this.title = "Unknown Title";
        this.author = "Unknown Author";
    }
}
```

4. Referencias de objetos

En Java, las variables que contienen referencias a objetos se utilizan para referirse a objetos. Estas referencias apuntan a la ubicación de memoria donde se almacena el objeto.

Por ejemplo:

```java
public class Main {
    public static void main(String[] args) {
        // Creating two references to the same object
        Car car1 = new Car("Honda Civic", 2021);
        Car car2 = car1;  // car2 references the same object as car1

        // Modifying the object through one reference
        car1.year = 2023;

        // Both references reflect the change
        System.out.println("Car 1 Year: " + car1.year);  // Outputs: 2023
        System.out.println("Car 2 Year: " + car2.year);  // Outputs: 2023
    }
}
```

5. Recogida de basuras

Java utiliza la recolección automática de basura para gestionar la memoria. Cuando ninguna parte del programa hace referencia a un objeto, éste pasa a la recolección de basura, que recupera su memoria.

Por ejemplo:

```java
public class Main {
    public static void main(String[] args) {
        // Creating an object
        Car myCar = new Car("Ford Focus", 2018);

        // Reassigning reference, the previous Car object is eligible for garbage collecti
        myCar = new Car("Chevrolet Malibu", 2020);

        // At this point, the previous Car object is no longer referenced and will be coll
    }
}
```

- **Creación de objetos:** Utiliza la palabra clave new y un constructor para crear un objeto.

- **Acceso a campos y métodos:** Utilice el operador de punto (.) para interactuar con los datos y el comportamiento de un objeto.

- **Inicialización:** Los objetos pueden ser inicializados usando constructores con o sin parámetros.

- **Referencias a objetos:** Las variables contienen referencias a objetos, y múltiples referencias pueden apuntar al mismo objeto.

- **Recogida de basura:** Java recupera automáticamente la memoria utilizada por los objetos a los que ya no se hace referencia.

Comprender y practicar estos conceptos le ayudará a utilizar y gestionar eficazmente los objetos en sus programas Java.

Programación orientada a objetos (POO)

La programación orientada a objetos (POO) es un paradigma de programación que utiliza "objetos" y sus interacciones para diseñar e implementar software. Java es un lenguaje orientado a objetos clásico que aprovecha los principios de la programación orientada a objetos para organizar y gestionar el código con eficacia. A continuación se ofrece una visión general de los principios básicos de la programación orientada a objetos y de cómo se aplican en Java:

La programación orientada a objetos (POO) en Java utiliza clases y objetos para estructurar y organizar el código. Mediante el empleo de los principios de encapsulación, herencia, polimorfismo y abstracción, puede crear código robusto, mantenible y reutilizable. Comprender estos principios y practicarlos mediante ejercicios de codificación le ayudará a dominar la programación orientada a objetos.

Clases y objetos

Definición de la clase:

- Un plano para crear objetos.

```java
public class Car {
    // Fields (attributes)
    String color;
    String model;
    int year;

    // Methods (behaviors)
    void drive() {
        System.out.println("The car is driving.");
    }
}
```

Creación de objetos:

- Instancias de una clase.

```java
public class Main {
    public static void main(String[] args) {
        Car myCar = new Car();   // Create an object of Car
        myCar.color = "Red";
        myCar.model = "Toyota";
        myCar.year = 2020;
        myCar.drive();   // Call the drive method
    }
}
```

Principios básicos de la programación orientada a objetos

1. **Encapsulación**

2. **Herencia**

3. **Polimorfismo**

4. **Abstracción**

Encapsulación en Java

La encapsulación es un concepto fundamental de la programación orientada a objetos (POO) que se utiliza para agrupar datos (atributos) y métodos (funciones) que operan sobre los datos en una única unidad o clase. La encapsulación también implica restringir el acceso directo a algunos de los componentes del objeto, lo que ayuda a proteger la integridad de los datos.

Aspectos clave de la encapsulación

1. **Campos privados**: Los atributos de una clase deben marcarse como privados para restringir el acceso directo desde fuera de la clase.

2. **Métodos públicos**: Proporcionar métodos públicos para obtener (acceder) y establecer (modificar) los atributos privados. Estos métodos se conocen como getters y setters.

3. **Ocultación de datos**: Impide la modificación directa de los campos desde fuera de la clase para garantizar que el estado del objeto esté controlado y validado.

Aplicación de la encapsulación

He aquí una guía paso a paso para implementar la encapsulación en Java:

1. **Definir campos privados**: Utilice el modificador de acceso privado para definir campos dentro de una clase. Esto restringe el acceso a estos campos desde fuera de la clase.

2. **Proporcionar métodos públicos Getter y Setter**: Defina métodos públicos para proporcionar un acceso controlado a los campos privados. El método getter permite leer el valor, y el método setter permite modificarlo.

Ejemplo de encapsulación

Definición de clases con encapsulación:

```java
public class Employee {
    // Private fields
    private String name;
    private double salary;

    // Constructor
    public Employee(String name, double salary) {
        this.name = name;
        this.salary = salary;
    }

    // Getter for name
    public String getName() {
        return name;
    }

    // Setter for name
    public void setName(String name) {
        this.name = name;
    }

    // Getter for salary
    public double getSalary() {
        return salary;
    }

    // Setter for salary
    public void setSalary(double salary) {
        if (salary > 0) {  // Validation to ensure salary is positive
            this.salary = salary;
        } else {
            System.out.println("Salary must be positive.");
        }
    }

    // Method to display employee details
    public void displayDetails() {
        System.out.println("Name: " + name);
        System.out.println("Salary: $" + salary);
    }
}
```

Uso de la clase encapsulada:

```java
public class Main {
    public static void main(String[] args) {
        // Creating an Employee object
        Employee emp = new Employee("John Doe", 50000);

        // Accessing and modifying data using getter and setter methods
        System.out.println("Initial Details:");
        emp.displayDetails();

        // Updating salary with valid value
        emp.setSalary(55000);
        System.out.println("Updated Salary:");
        emp.displayDetails();

        // Attempting to set an invalid salary
        emp.setSalary(-1000);  // Outputs: Salary must be positive.
        System.out.println("After Invalid Salary Update:");
        emp.displayDetails();

        // Accessing name using getter method
        System.out.println("Employee Name: " + emp.getName());

        // Changing name using setter method
        emp.setName("Jane Doe");
        System.out.println("Updated Name: " + emp.getName());
    }
}
```

Ventajas de la encapsulación

1. **Control**: La encapsulación permite controlar los datos proporcionando métodos para acceder a ellos y modificarlos. Esto garantiza que los datos estén siempre en un estado válido.

2. **Flexibilidad**: La implementación interna se puede cambiar sin afectar a otras partes del código que utilizan la clase.

3. **Mantenimiento**: La encapsulación ayuda a mantener el código organizado y facilita su gestión y mantenimiento.

4. **Mayor seguridad**: Al ocultar el estado interno del objeto, la encapsulación reduce el riesgo de interferencias involuntarias y usos indebidos.

La encapsulación en Java se implementa mediante el uso de campos privados y métodos getter y setter públicos. Este enfoque garantiza que el estado interno de un objeto esté protegido de accesos y modificaciones no autorizados. La encapsulación mejora la seguridad, la capacidad de mantenimiento y la flexibilidad del código al proporcionar un acceso controlado a los datos y al comportamiento del objeto.

Aplicación de Java

- **Campos privados:** Utiliza campos privados para proteger los datos de accesos externos.

- **Métodos públicos:** Utiliza métodos públicos getter y setter para acceder y actualizar los campos privados.

Por ejemplo:

```java
public class Person {
    // Private fields
    private String name;
    private int age;

    // Constructor
    public Person(String name, int age) {
        this.name = name;
        this.age = age;
    }

    // Getter for name
    public String getName() {
        return name;
    }

    // Setter for name
    public void setName(String name) {
        this.name = name;
    }

    // Getter for age
    public int getAge() {
        return age;
    }

    // Setter for age
    public void setAge(int age) {
        this.age = age;
    }

    // Method to display details
    public void displayDetails() {
        System.out.println("Name: " + name);
        System.out.println("Age: " + age);
    }
}
```

Herencia en Java

La herencia es uno de los principios básicos de la programación orientada a objetos (POO). Permite que una nueva clase herede las propiedades y métodos de una clase existente. La nueva clase se denomina **subclase** o **clase derivada**, y la clase de la que hereda, **superclase** o **clase base**. La herencia favorece la reutilización del código y establece una jerarquía natural entre las clases.

Conceptos clave de la herencia

1. **Superclase y subclase**

2. **La palabra clave se extiende**

3. **Herencia de constructores**

4. **Anulación de métodos**

5. **Acceso a los métodos de la superclase**

6. **La superpalabra clave**

7. **Fundición de tipo**

Ejemplo de herencia

Consideremos un ejemplo básico en el que una superclase Animal es heredada por una subclase Perro.

Superclase: Animal

```java
public class Animal {
    // Fields
    string name;
    int age;

    // Constructor
    public Animal(String name, int age) {
        this.name = name;
        this.age = age;
    }

    // Method to display animal details
    public void display() {
        System.out.println("Name: " + name + ", Age: " + age);
    }

    // Method to make sound
    public void makeSound() {
        System.out.println("Animal makes a sound");
    }
}
```

Subclase: Perro

```java
public class Dog extends Animal {
    // Additional field specific to Dog
    String breed;

    // Constructor
    public Dog(String name, int age, String breed) {
        super(name, age); // Call the constructor of the superclass
        this.breed = breed;
    }

    // Overriding the makeSound method
    @Override
    public void makeSound() {
        System.out.println("Dog barks");
    }

    // Method to display dog details
    public void display() {
        super.display(); // Call the display method of the superclass
        System.out.println("Breed: " + breed);
    }
}

// Main class
public class Main {
    public static void main(String[] args) {
        Dog dog = new Dog("Buddy", 5, "Golden Retriever");
        dog.display(); // Outputs: Name: Buddy, Age: 5, Breed: Golden Retriever
        dog.makeSound(); // Outputs: Dog barks
    }
}
```

Explicación detallada

1. **Superclase y subclase**

Superclase: La clase cuyas propiedades y métodos se heredan.

Subclase: La clase que hereda las propiedades y métodos de la superclase.

- **Superclase** (Animal en este caso) es la clase cuyas propiedades y métodos se heredan.

- **Subclase** (Perro en este caso) es la clase que hereda propiedades y métodos de la superclase

Por ejemplo:

```java
// Superclass
public class Animal {
    void eat() {
        System.out.println("This animal eats food.");
    }
}

// Subclass
public class Dog extends Animal {
    void bark() {
        System.out.println("The dog barks.");
    }
}

// Main class
public class Main {
    public static void main(String[] args) {
        Dog myDog = new Dog();
        myDog.eat();    // Method inherited from Animal
        myDog.bark();   // Method of Dog class
    }
}
```

2. La palabra clave se extiende

En Java, la herencia se especifica mediante la palabra clave extends. Una subclase hereda todas las propiedades y métodos accesibles de su superclase. La palabra clave extends se utiliza para establecer una relación de herencia entre la superclase y la subclase.

Por ejemplo:

```java
public class Vehicle {
    // Superclass method
    public void start() {
        System.out.println("Vehicle is starting.");
    }
}

public class Car extends Vehicle {
    // Subclass method
    public void drive() {
        System.out.println("Car is driving.");
    }
}

// Main class
public class Main {
    public static void main(String[] args) {
        Car myCar = new Car();
        myCar.start(); // Inherited method
        myCar.drive(); // Method of Car class
    }
}
```

```java
public class Dog extends Animal {
    // Class body
}
```

3. Herencia de constructores

Los constructores no se heredan. Sin embargo, una subclase puede llamar al constructor de su superclase utilizando la palabra clave super.

Por ejemplo:

```java
public class Animal {
    Animal() {
        System.out.println("Animal constructor called.");
    }
}

public class Dog extends Animal {
    Dog() {
        super(); // Calls the superclass constructor
        System.out.println("Dog constructor called.");
    }
}

// Main class
public class Main {
    public static void main(String[] args) {
        Dog myDog = new Dog();
        // Outputs:
        // Animal constructor called.
        // Dog constructor called.
    }
}
```

4. Anulación de métodos

Una subclase puede proporcionar una implementación específica para un método que ya está definido en su superclase. Es lo que se conoce como anulación de métodos.

La sobreescritura de métodos permite a una subclase proporcionar una implementación específica de un método ya definido en su superclase. El método sobreescrito debe tener el mismo nombre, tipo de retorno y parámetros.

Por ejemplo:

```java
public class Animal {
    void sound() {
        System.out.println("Animal makes a sound.");
    }
}

public class Cat extends Animal {
    @Override
    void sound() {
        System.out.println("Cat meows.");
    }
}

// Main class
public class Main {
    public static void main(String[] args) {
        Cat myCat = new Cat();
        myCat.sound(); // Outputs: Cat meows.
    }
}
```

```java
@Override
public void makeSound() {
    System.out.println("Dog barks");
}
```

4. La superpalabra clave

La palabra clave super se utiliza para referirse a la superclase inmediata. Se puede utilizar para:

- Llama al constructor de la superclase.

- Acceder a los métodos y campos de la superclase.

Llamada al constructor de la superclase:

```java
public Dog(String name, int age, String breed) {
    super(name, age); // Call the constructor of the superclass
    this.breed = breed;
}
```

Llamada a un método de la superclase:

```java
public void display() {
    super.display(); // Call the display method of the superclass
    System.out.println("Breed: " + breed);
}
```

. Tipos de herencia

- **Herencia única**: Una subclase hereda de una superclase.

- **Herencia multinivel**: Una subclase hereda de otra subclase.

- **Herencia jerárquica**: Varias subclases heredan de una superclase.

La herencia en Java permite la creación de una nueva clase basada en una clase existente. Facilita la reutilización del código, la jerarquía lógica de clases y la sustitución de métodos. Mediante la palabra clave extends y la palabra clave super, Java proporciona una forma clara y directa de implementar la herencia.

Esto permite a las subclases heredar y mejorar la funcionalidad de sus superclases, lo que conduce a una base de código más modular y fácil de mantener.

Mecanismo por el que una clase hereda los campos y métodos de otra.

```java
public class Animal {
    void eat() {
        System.out.println("This animal eats food.");
    }
}


public class Dog extends Animal {
    void bark() {
        System.out.println("The dog barks.");
    }
}
```

Por ejemplo:

```java
public class Main {
    public static void main(String[] args) {
        Dog myDog = new Dog();
        myDog.eat();   // Inherited method
        myDog.bark();   // Own method
    }
}
```

Práctica 1:

Crea una superclase Persona con los campos nombre y edad y métodos para mostrar los detalles. A continuación, crea una subclase Student que añada un campo studentID y anule el método display para incluir el ID del estudiante.

Person.java:

```java
public class Person {
    String name;
    int age;

    public Person(String name, int age) {
        this.name = name;
        this.age = age;
    }

    public void display() {
        System.out.println("Name: " + name + ", Age: " + age);
    }
}
```

Estudiante.java:

```java
public class Student extends Person {
    String studentID;

    public Student(String name, int age, String studentID) {
        super(name, age);
        this.studentID = studentID;
    }

    @Override
    public void display() {
        super.display();
        System.out.println("Student ID: " + studentID);
    }
}

// Main class
public class Main {
    public static void main(String[] args) {
        Student student = new Student("Alice", 20, "S12345");
        student.display();
        // Outputs:
        // Name: Alice, Age: 20
        // Student ID: S12345
    }
}
```

Este ejemplo demuestra cómo se puede utilizar la herencia para construir una jerarquía de clases, permitiendo a las subclases extender y personalizar el comportamiento de sus superclases.

5. Acceso a los métodos de la superclase

Una subclase puede acceder a los métodos de su superclase utilizando la palabra clave super. Esto es útil cuando se necesita llamar al método de la superclase que ha sido sobrescrito en la subclase.

Por ejemplo:

```java
public class Animal {
    void sound() {
        System.out.println("Animal makes a sound.");
    }
}

public class Cat extends Animal {
    @Override
    void sound() {
        super.sound(); // Calls the superclass method
        System.out.println("Cat meows.");
    }
}

// Main class
public class Main {
    public static void main(String[] args) {
        Cat myCat = new Cat();
        myCat.sound();
        // Outputs:
        // Animal makes a sound.
        // Cat meows.
    }
}
```

6. La superpalabra clave

La palabra clave super se utiliza para referirse al objeto de clase padre inmediato. Se puede utilizar para:

- Acceder a los métodos de la superclase.

- Llamar a los constructores de la superclase.

- Acceder a los campos de la superclase.

```java
public class Animal {
    String color = "White";

    void displayColor() {
        System.out.println("Animal color: " + color);
    }
}


public class Dog extends Animal {
    String color = "Black";

    void displayColor() {
        System.out.println("Dog color: " + color);
        System.out.println("Superclass color: " + super.color); // Access superclass field
    }
}


// Main class
public class Main {
    public static void main(String[] args) {
        Dog myDog = new Dog();
        myDog.displayColor();
        // Outputs:
        // Dog color: Black
        // Superclass color: White
    }
}
```

7. Fundición de tipo

Java admite la conversión de tipos entre clases relacionadas. Esto implica convertir una referencia de subclase en una referencia de superclase y viceversa.

Por ejemplo:

```java
public class Animal {
    void eat() {
        System.out.println("Animal is eating.");
    }
}

public class Dog extends Animal {
    void bark() {
        System.out.println("Dog is barking.");
    }
}

// Main class
public class Main {
    public static void main(String[] args) {
        Animal animal = new Dog(); // Upcasting
        animal.eat(); // Works fine

        // Downcasting
        if (animal instanceof Dog) {
            Dog dog = (Dog) animal;
            dog.bark(); // Works fine
        }
    }
}
```

- **La herencia** permite a una clase heredar propiedades y métodos de otra clase, lo que favorece la reutilización del código.

- Utilice la palabra clave extends para crear una subclase.

- Las subclases pueden heredar métodos pero no constructores de la superclase.

- **La sobreescritura de métodos** permite a una subclase proporcionar una implementación específica de un método ya definido en la superclase.

- Utilice la palabra clave super para acceder a los métodos, campos y constructores de la superclase.

- **Type Casting** permite la conversión entre referencias a superclases y subclases.

Si comprende y aplica estos conceptos, podrá crear una base de código bien estructurada y reutilizable utilizando la herencia en Java.

```java
public class Animal {
    void sound() {
        System.out.println("Animal makes a sound.");
    }
}


public class Cat extends Animal {
    @Override
    void sound() {
        super.sound(); // Calls the superclass method
        System.out.println("Cat meows.");
    }
}


// Main class
public class Main {
    public static void main(String[] args) {
        Cat myCat = new Cat();
        myCat.sound();
        // Outputs:
        // Animal makes a sound.
        // Cat meows.
    }
}
```

```java
public class Animal {
    void sound() {
        System.out.println("Animal makes a sound.");
    }
}


public class Cat extends Animal {
    @Override
    void sound() {
        super.sound(); // Calls the superclass method
        System.out.println("Cat meows.");
    }
}


// Main class
public class Main {
    public static void main(String[] args) {
        Cat myCat = new Cat();
        myCat.sound();
        // Outputs:
        // Animal makes a sound.
        // Cat meows.
    }
}
```

Polimorfismo

El polimorfismo permite que los métodos hagan cosas diferentes en función del objeto sobre el que actúan. Esto puede lograrse mediante la sobrecarga de métodos (polimorfismo en tiempo de compilación) y la sustitución de métodos (polimorfismo en tiempo de ejecución).

Implementación de Java:

- **Sobrecarga de métodos:** Múltiples métodos con el mismo nombre pero diferentes parámetros dentro de la misma clase.

- **Sobreescritura de métodos:** Una subclase proporciona una implementación específica para un método ya definido en su superclase.

Ejemplo:

Sobrecarga de métodos:

```java
public class Calculator {
    // Method to add two integers
    public int add(int a, int b) {
        return a + b;
    }

    // Method to add three integers
    public int add(int a, int b, int c) {
        return a + b + c;
    }
}

// Main class
public class Main {
    public static void main(String[] args) {
        Calculator calc = new Calculator();
        System.out.println(calc.add(5, 10));          // Outputs: 15
        System.out.println(calc.add(5, 10, 15));      // Outputs: 30
    }
}
```

Anulación de métodos:

```java
// Superclass
public class Animal {
    void makeSound() {
        System.out.println("Animal makes a sound");
    }
}


// Subclass
public class Cat extends Animal {
    @Override
    void makeSound() {
        System.out.println("Cat meows");
    }
}


// Main class
public class Main {
    public static void main(String[] args) {
        Animal myCat = new Cat();
        myCat.makeSound();  // Outputs: Cat meows
    }
}
```

La abstracción es un concepto clave en la programación orientada a objetos (POO) que permite ocultar los complejos detalles de implementación de un sistema y exponer sólo las características esenciales. El objetivo de la abstracción es reducir la complejidad y permitir al programador centrarse en las interacciones a un nivel superior sin necesidad de comprender los intrincados detalles de cada componente.

En Java, la abstracción se consigue mediante:

1. **Clases abstractas**

2. **Interfaces**

1. Clases abstractas

Definición: Una clase abstracta es una clase que no puede ser instanciada por sí misma y puede contener métodos abstractos que deben ser implementados por subclases. Los métodos abstractos son métodos sin cuerpo, pensados para ser sobrescritos en clases derivadas.

Características:

- Puede tener métodos abstractos (métodos sin cuerpo).

- Puede tener métodos no abstractos (métodos con cuerpo).

- Puede tener campos y constructores.

- Puede ampliarse con otras clases.

Por ejemplo:

Clase abstracta

```java
abstract class Shape {
    abstract void draw();  // Abstract method

    void printShapeType() {
        System.out.println("This is a shape");
    }
}

class Circle extends Shape {
    @Override
    void draw() {
        System.out.println("Drawing a circle");
    }
}

// Main class
public class Main {
    public static void main(String[] args) {
        Shape myCircle = new Circle();
        myCircle.draw();              // Outputs: Drawing a circle
        myCircle.printShapeType();  // Outputs: This is a shape
    }
}
```

```
                    ():


    () í
system. out . prżntln (                              );




                                        );






                    (Str lng[ ] args) (


miPerro.makeSound();
miPerro.sleep();
```

Interfaces

Una interfaz en Java es un tipo de referencia, similar a una clase, que sólo puede contener constantes, firmas de métodos, métodos por defecto, métodos estáticos y tipos anidados. Las interfaces no pueden contener campos de instancia ni constructores. Una clase implementa una interfaz, por lo que hereda los métodos abstractos de la interfaz.

Características

- No puede contener campos de instancia ni constructores.

- Puede contener métodos abstractos y métodos por defecto/estáticos.

- Una clase puede implementar varias interfaces.

Interfaz

```java
interface Drawable {
    void draw();  // Abstract method
}

class Rectangle implements Drawable {
    @Override
    public void draw() {
        System.out.println("Drawing a rectangle");
    }
}

// Main class
public class Main {
    public static void main(String[] args) {
        Drawable myRectangle = new Rectangle();
        myRectangle.draw();  // Outputs: Drawing a rectangle
    }
}
```

```java
// Interface
interface Animal {
    // Abstract method
    void makeSound();

    // Default method
    default void eat() {
        System.out.println("This animal eats food.");
    }
}

// Concrete class implementing the interface
class Cat implements Animal {
    // Providing implementation for the abstract method
    @Override
    public void makeSound() {
        System.out.println("The cat meows.");
    }
}

// Main class
public class Main {
    public static void main(String[] args) {
        Animal myCat = new Cat();
        myCat.makeSound(); // Outputs: The cat meows.
        myCat.eat();       // Outputs: This animal eats food.
    }
}
```

Ventajas de la abstracción

1. **Simplifica el código**: La abstracción ayuda a reducir la complejidad ocultando los detalles de implementación y mostrando sólo las características necesarias.

2. **Mejora la capacidad de mantenimiento**: El código resulta más fácil de gestionar y mantener, ya que los cambios en los detalles de implementación no afectan a la interfaz externa.

3. **Promueve la reutilización del código**: Al definir la funcionalidad común en clases abstractas o interfaces, puede reutilizar el código en varias clases.

4. **Mejora la flexibilidad**: Permite cambiar la implementación sin afectar al código que utiliza los componentes abstraídos.

Elegir entre clases abstractas e interfaces

- **Utilice una clase abstracta cuando:**
    - Tienes una clase base que no debe ser instanciada.
    - Desea compartir código común entre clases relacionadas.
    - Necesita proporcionar algunas implementaciones de métodos pero también requiere que algunos métodos sean abstractos.

- **Utilice una interfaz cuando:**
    - Quieres definir un contrato que pueda ser implementado por cualquier clase.
    - Necesita definir métodos que deben ser implementados por múltiples clases de diferentes jerarquías.
    - Desea admitir la herencia múltiple de tipo (una clase puede implementar varias interfaces).

La abstracción en Java ayuda a gestionar la complejidad al permitir centrarse en las interacciones de alto nivel y ocultar los detalles de implementación. La abstracción se consigue mediante **clases abstractas** e **interfaces**. Las clases abstractas permiten compartir código entre clases relacionadas y definen métodos abstractos que deben ser implementados por las subclases. Las interfaces definen métodos que deben ser implementados por cualquier clase que decida implementar la interfaz, promoviendo un diseño flexible y reutilizable.

Capítulo 3

Métodos y constructores en Java

En Java, los métodos y los constructores son componentes fundamentales de las clases. Definen el comportamiento de los objetos y cómo se inicializan.

Métodos

Los métodos son bloques de código que realizan una tarea específica. Se utilizan para definir el comportamiento de los objetos creados a partir de una clase. Los métodos pueden tener parámetros, tipos de retorno y pueden ser llamados para realizar acciones sobre los objetos.

Conceptos clave

1. Declaración de método

2. Sobrecarga de métodos

3. Anulación de métodos

4. Métodos estáticos

5. Métodos de instancia

6. Parámetros de los métodos y tipos de retorno

1. Declaración de método

Un método se declara dentro de una clase y consta de los siguientes componentes:

- Modificador de acceso: Define la visibilidad del método (por ejemplo, público, privado).

- Tipo de retorno: Especifica el tipo de valor que devolverá el método (por ejemplo, int, void).

- Nombre del método: El nombre del método.

- Parámetros: Valores opcionales pasados al método.

- Cuerpo del método: El bloque de código que se ejecuta cuando se llama al método.

Ejemplo:

Métodos:

```java
public class Calculator {

    // Method to add two numbers
    public int add(int a, int b) {
        return a + b;
    }

    // Method to subtract two numbers
    public int subtract(int a, int b) {
        return a - b;
    }

    // Method with no return value
    public void displayMessage() {
        System.out.println("This is a calculator.");
    }
}

// Main class
public class Main {
    public static void main(String[] args) {
        Calculator calc = new Calculator();

        // Calling methods
        int sum = calc.add(5, 3);
        int difference = calc.subtract(10, 4);

        System.out.println("Sum: " + sum); // Outputs: Sum: 8
        System.out.println("Difference: " + difference); // Outputs: Difference: 6
        calc.displayMessage(); // Outputs: This is a calculator.

    }
}
```

- Bloques de código que realizan tareas específicas.

```
public class Calculator {
    int add(int a, int b) {
        return a + b;
    }
}
```

2. Sobrecarga de métodos

La sobrecarga de métodos se produce cuando varios métodos tienen el mismo nombre pero diferentes parámetros (tipo, número o ambos). Permite a los métodos realizar funciones similares con diferentes entradas.

Por ejemplo:

```
public class Display {

    // Overloaded method with one parameter
    public void show(int number) {
        System.out.println("Number: " + number);
    }

    // Overloaded method with two parameters
    public void show(String text, int number) {
        System.out.println("Text: " + text + ", Number: " + number);
    }
}

// Main class
public class Main {
    public static void main(String[] args) {
        Display display = new Display();

        display.show(10); // Outputs: Number: 10
        display.show("Value", 20); // Outputs: Text: Value, Number: 20

    }
}
```

Anulación de métodos

La sobreescritura de métodos se produce cuando una subclase proporciona una implementación específica para un método que ya está definido en su superclase. El método sobreescrito debe tener el mismo nombre, tipo de retorno y parámetros que el método de la superclase.

Por ejemplo:

```java
// Superclass
public class Animal {
    void makeSound() {
        System.out.println("Animal makes a sound.");
    }
}

// Subclass
public class Dog extends Animal {
    @Override
    void makeSound() {
        System.out.println("Dog barks.");
    }
}

// Main class
public class Main {
    public static void main(String[] args) {
        Animal myDog = new Dog();
        myDog.makeSound(); // Outputs: Dog barks.
    }
}
```

4. Métodos estáticos

Los métodos estáticos pertenecen a la clase y no a una instancia específica. Pueden invocarse sin crear una instancia de la clase y sólo pueden acceder a campos y métodos estáticos.

Por ejemplo:

```java
public class MathUtils {

    // Static method
    public static int multiply(int a, int b) {
        return a * b;
    }
}

// Main class
public class Main {
    public static void main(String[] args) {
        int result = MathUtils.multiply(5, 3);
        System.out.println("Product: " + result); // Outputs: Product: 15
    }
}
```

5. Métodos de instancia

Los métodos de instancia operan sobre instancias de una clase y pueden acceder a campos y métodos de instancia. Requieren un objeto de la clase para ser invocados.

Ejemplo:

```java
public class Rectangle {
    int width;
    int height;

    // Instance method to calculate area
    public int calculateArea() {
        return width * height;
    }
}

// Main class
public class Main {
    public static void main(String[] args) {
        Rectangle rect = new Rectangle();
        rect.width = 10;
        rect.height = 5;

        int area = rect.calculateArea();
        System.out.println("Area: " + area); // Outputs: Area: 50
    }
}
```

6. Parámetros de los métodos y tipos de retorno

Los métodos pueden tomar parámetros y devolver valores para realizar operaciones y proporcionar resultados.

- **Parámetros**: Pasados al método para proporcionar datos de entrada.

- **Tipo de retorno**: Especifica qué tipo de valor devolverá el método. Si un método no devuelve ningún valor, su tipo de retorno es void.

Ejemplo:

```java
public class MathOperations {

    // Method with parameters and return type
    public double divide(double numerator, double denominator) {
        if (denominator == 0) {
            throw new IllegalArgumentException("Denominator cannot be zero.");
        }
        return numerator / denominator;
    }
}

// Main class
public class Main {
    public static void main(String[] args) {
        MathOperations math = new MathOperations();
        double result = math.divide(10.0, 2.0);
        System.out.println("Result: " + result); // Outputs: Result: 5.0
    }
}
```

Capítulo 4

Constructores

Los constructores son métodos especiales que se utilizan para inicializar los objetos cuando se crean. Tienen el mismo nombre que la clase y no tienen tipo de retorno.

Conceptos clave

1. Declaración del constructor
2. Constructor por defecto
3. Constructor parametrizado
4. Sobrecarga de constructores
5. Encadenamiento de constructores

1. Declaración del constructor

Un constructor se declara con el mismo nombre que la clase y no tiene tipo de retorno. Inicializa el estado del objeto cuando se crea.

Ejemplo:

```java
public class Person {
    String name;
    int age;

    // Constructor
    public Person(String name, int age) {
        this.name = name;
        this.age = age;
    }
}

// Main class
public class Main {
    public static void main(String[] args) {
        Person person = new Person("Alice", 30);
        System.out.println("Name: " + person.name); // Outputs: Name: Alice
        System.out.println("Age: " + person.age);    // Outputs: Age: 30
    }
}
```

2. Constructor por defecto

Si no se define ningún constructor, Java proporciona un constructor por defecto que inicializa las variables de instancia a sus valores por defecto (por ejemplo, null para objetos, 0 para tipos numéricos).

Ejemplo:

```java
public class Car {
    String model;
    int year;


    // Default constructor provided by Java

}


// Main class
public class Main {
    public static void main(String[] args) {
        Car car = new Car();
        System.out.println("Model: " + car.model); // Outputs: Model: null
        System.out.println("Year: " + car.year);   // Outputs: Year: 0
    }
}
```

3. Constructor parametrizado

Un constructor parametrizado permite inicializar objetos con valores específicos.

Ejemplo:

```java
public class Book {
    String title;
    double price;

    // Parameterized constructor
    public Book(String title, double price) {
        this.title = title;
        this.price = price;
    }
}

// Main class
public class Main {
    public static void main(String[] args) {
        Book book = new Book("Java Programming", 29.99);
        System.out.println("Title: " + book.title); // Outputs: Title: Java Programming
        System.out.println("Price: $" + book.price); // Outputs: Price: $29.99
    }
}
```

4. Sobrecarga de constructores

La sobrecarga de constructores es una técnica de Java que permite que una clase tenga más de un constructor con diferentes listas de parámetros. Cada constructor realiza una tarea diferente pero construye objetos de la misma clase. Los constructores sobrecargados proporcionan flexibilidad en la creación de objetos al permitir diferentes formas de inicializar un objeto.

Conceptos clave

1. **Misma clase, distintos parámetros**
2. **No Tipo de devolución**
3. **Diferentes opciones de**

inicialización Ejemplo de sobrecarga de

constructores

Consideremos una clase Rectangle que demuestra la sobrecarga de constructores:

```java
public class Rectangle {
    int width;
    int height;

    // Constructor with no parameters
    public Rectangle() {
        this.width = 0;
        this.height = 0;
    }

    // Constructor with one parameter
    public Rectangle(int side) {
        this.width = side;
        this.height = side;
    }

    // Constructor with two parameters
    public Rectangle(int width, int height) {
        this.width = width;
        this.height = height;
    }

    // Method to calculate the area
    public int calculateArea() {
        return width * height;
    }

    // Method to display the dimensions
    public void displayDimensions() {
        System.out.println("Width: " + width + ", Height: " + height);
    }
}

// Main class
public class Main {
    public static void main(String[] args) {
        // Using the constructor with no parameters
        Rectangle rect1 = new Rectangle();
        rect1.displayDimensions(); // Outputs: Width: 0, Height: 0
        System.out.println("Area: " + rect1.calculateArea()); // Outputs: Area: 0

        // Using the constructor with one parameter
        Rectangle rect2 = new Rectangle(5);
        rect2.displayDimensions(); // Outputs: Width: 5, Height: 5
        System.out.println("Area: " + rect2.calculateArea()); // Outputs: Area: 25

        // Using the constructor with two parameters
        Rectangle rect3 = new Rectangle(4, 7);
        rect3.displayDimensions(); // Outputs: Width: 4, Height: 7
        System.out.println("Area: " + rect3.calculateArea()); // Outputs: Area: 28
    }
}
```

Explicación detallada

1. **Constructor sin parámetros:**
   o Este constructor inicializa tanto la anchura como la altura a 0. Es útil cuando se desea crear un objeto Rectángulo sin especificar ninguna dimensión.

```java
public Rectangle() {
    this.width = 0;
    this.height = 0;
}
```

Constructor con un parámetro:

• Este constructor inicializa tanto la anchura como la altura al mismo valor, lo que es útil para crear objetos Rectángulo cuadrados.

```java
public Rectangle(int side) {
    this.width = side;
    this.height = side;
}
```

Constructor con dos parámetros:

- Este constructor inicializa la anchura y la altura a los valores especificados, lo que permite crear rectángulos de cualquier dimensión.

```java
public Rectangle(int width, int height) {

    this.width = width;

    this.height = height;

}
```

Ventajas de la sobrecarga de constructores

- **Flexibilidad en la creación de objetos:** Los usuarios pueden crear objetos con diferentes valores iniciales en función de los parámetros pasados.
- **Legibilidad y mantenimiento del código:** Sobrecargar los constructores con parámetros significativos puede hacer que el código sea más legible y mantenible.
- **Inicialización por defecto y específica:** Permite proporcionar tanto formas predeterminadas como específicas de inicializar un objeto.

La sobrecarga de constructores aumenta la flexibilidad de la creación de objetos en Java. Al proporcionar múltiples constructores con diferentes parámetros, puede inicializar objetos de varias maneras, manteniendo una estructura de código limpia y organizada. Esta técnica se utiliza ampliamente en Java para proporcionar múltiples opciones para inicializar objetos, haciendo que las clases sean más versátiles y fáciles de usar.

La sobrecarga de constructores permite que una clase tenga más de un constructor con diferentes listas de parámetros.

Por ejemplo:

```java
public class Rectangle {
    int width;
    int height;

    // Constructor with no parameters
    public Rectangle() {
        this.width = 0;
        this.height = 0;
    }

    // Constructor with parameters
    public Rectangle(int width, int height) {
        this.width = width;
        this.height = height;
    }
}

// Main class
public class Main {
    public static void main(String[] args) {
        Rectangle rect1 = new Rectangle();
        Rectangle rect2 = new Rectangle(10, 5);

        System.out.println("Rect1 - Width: " + rect1.width + ", Height: " + rect1.height);
        System.out.println("Rect2 - Width: " + rect2.width + ", Height: " + rect2.height);
        // Outputs:
        // Rect1 - Width: 0, Height: 0
        // Rect2 - Width: 10, Height: 5
    }
}
```

Encadenamiento de constructores en Java

El encadenamiento de constructores en Java es un proceso de llamada a un constructor desde otro constructor dentro de la misma clase o desde un constructor en una subclase. Esto permite una forma más eficiente de inicializar un objeto con múltiples constructores, reduciendo la duplicación de código y mejorando la mantenibilidad.

Tipos de encadenamiento de constructores

1. **Dentro de la misma clase**: Uso de this()
2. **Desde una subclase**: Uso de super()

1. Encadenamiento de constructores dentro de la misma clase

Cuando tienes múltiples constructores en la misma clase, puedes llamar a un constructor desde otro usando la palabra clave this(). Este enfoque ayuda a reutilizar el código del constructor y mantener la lógica de inicialización en un solo lugar.

Ejemplo:

```java
public class Circle {
    double radius;
    String color;

    // Constructor with no parameters
    public Circle() {
        this(1.0); // Calls the constructor with one parameter
    }

    // Constructor with one parameter
    public Circle(double radius) {
        this(radius, "red"); // Calls the constructor with two parameters
    }

    // Constructor with two parameters
    public Circle(double radius, String color) {
        this.radius = radius;
        this.color = color;
    }
}

// Main class
public class Main {
    public static void main(String[] args) {
        Circle circle1 = new Circle();
        Circle circle2 = new Circle(2.5);
        Circle circle3 = new Circle(3.0, "blue");

        System.out.println("Circle1 - Radius: " + circle1.radius + ", Color: " + circle1.c
        System.out.println("Circle2 - Radius: " + circle2.radius + ", Color: " + circle2.c
        System.out.println("Circle3 - Radius: " + circle3.radius + ", Color: " + circle3.c
        // Outputs:
        // Circle1 - Radius: 1.0, Color: red
        // Circle2 - Radius: 2.5, Color: red
        // Circle3 - Radius: 3.0, Color: blue
    }
}
```

En este ejemplo:

- El constructor Circle() sin parámetros llama al constructor Circle(double radius).

141

- El constructor Circle(double radius) llama al constructor Circle(double radius, String color).
- El constructor Circle(double radius, String color) inicializa las variables de instancia radio y color.

2. Encadenamiento de constructores desde una subclase

Cuando se tiene una subclase que extiende una superclase, se puede utilizar la palabra clave super() para llamar a un constructor de la superclase. Esto asegura que la superclase está correctamente inicializada antes de que la subclase añada su propia inicialización.

Ejemplo:

```java
// Superclass
public class Animal {
    String name;

    // Superclass constructor
    public Animal(String name) {
        this.name = name;
    }
}

// Subclass
public class Dog extends Animal {
    String breed;

    // Subclass constructor
    public Dog(String name, String breed) {
        super(name); // Calls the constructor of the superclass
        this.breed = breed;
    }
}

// Main class
public class Main {
    public static void main(String[] args) {
        Dog dog = new Dog("Buddy", "Golden Retriever");

        System.out.println("Name: " + dog.name); // Outputs: Name: Buddy
        System.out.println("Breed: " + dog.breed); // Outputs: Breed: Golden Retriever
    }
}
```

En este ejemplo:

- La clase Dog extiende la clase Animal.
- El constructor Perro llama al constructor Animal usando super(nombre), inicializando el campo nombre en la clase Animal antes de inicializar el campo raza en la clase Perro.

143

El encadenamiento de constructores es una potente técnica de Java que permite a los constructores reutilizar código y garantizar una inicialización adecuada llamando a otros constructores de la misma clase o de una superclase. Esto ayuda a reducir la redundancia y a mantener un código limpio y organizado.

El uso de this() para encadenar dentro de la misma clase y de super() para encadenar desde una superclase garantiza que los objetos se construyan de forma correcta y eficiente.

- Métodos especiales utilizados para inicializar objetos.

```java
public class Car {
    String color;
    String model;
    int year;

    // Constructor
    public Car(String color, String model, int year) {
        this.color = color;
        this.model = model;
        this.year = year;
    }
}
```

Por ejemplo:

```java
public class Main {
    public static void main(String[] args) {
        Car myCar = new Car("Red", "Toyota", 2020);
        System.out.println("Car model: " + myCar.model);
    }
}
```

Polimorfismo en Java

El polimorfismo es uno de los cuatro conceptos fundamentales de la programación orientada a objetos (POO). Permite que los objetos sean tratados como instancias de su clase padre en lugar de su clase real. Los dos tipos principales de polimorfismo en Java son:

1. **Polimorfismo en tiempo de compilación (sobrecarga de métodos)**

2. **Polimorfismo en tiempo de ejecución (sustitución de**

métodos) Conceptos clave

1. **Sobrecarga de métodos**

2. **Anulación de métodos**

3. **La palabra clave instanceof**

4. **Envío dinámico de métodos**

1. Sobrecarga de métodos (polimorfismo en tiempo de compilación)

La sobrecarga de métodos permite que una clase tenga más de un método con el mismo nombre, pero diferentes parámetros. Los métodos se resuelven en tiempo de compilación.

Ejemplo:

```java
public class MathOperations {
    // Method to add two integers
    public int add(int a, int b) {
        return a + b;
    }

    // Method to add three integers
    public int add(int a, int b, int c) {
        return a + b + c;
    }

    // Method to add two double values
    public double add(double a, double b) {
        return a + b;
    }

    public static void main(String[] args) {
        MathOperations math = new MathOperations();
        System.out.println("Sum of 2 integers: " + math.add(2, 3)); // Outputs: Sum of 2 i
        System.out.println("Sum of 3 integers: " + math.add(2, 3, 4)); // Outputs: Sum of
        System.out.println("Sum of 2 doubles: " + math.add(2.5, 3.5)); // Outputs: Sum of
    }
}
```

145

Polimorfismo:

- Capacidad para adoptar muchas formas, normalmente a través de la sobreescritura de métodos y la sobrecarga de métodos.

Anulación de métodos:

- Redefinición de un método en una subclase.

```java
public class Animal {
    void sound() {
        System.out.println("This animal makes a sound.");
    }
}

public class Dog extends Animal {
    @Override
    void sound() {
        System.out.println("The dog barks.");
    }
}
```

Ejemplo:

```java
public class Main {
    public static void main(String[] args) {
        Animal myAnimal = new Dog();
        myAnimal.sound();  // Outputs: The dog barks.
    }
}
```

2. Sobreescritura de métodos (polimorfismo en tiempo de ejecución)

La sobreescritura de métodos permite a una subclase proporcionar una implementación específica de un método que ya está definido en su superclase. El método a ejecutar se determina en tiempo de ejecución.

Ejemplo:

```java
class Animal {
    // Method in superclass
    public void makeSound() {
        System.out.println("Animal makes a sound");
    }
}

class Dog extends Animal {
    // Overridden method in subclass
    @Override
    public void makeSound() {
        System.out.println("Dog barks");
    }
}

class Cat extends Animal {
    // Overridden method in subclass
    @Override
    public void makeSound() {
        System.out.println("Cat meows");
    }
}

public class Main {
    public static void main(String[] args) {
        Animal myDog = new Dog();
        Animal myCat = new Cat();

        myDog.makeSound(); // Outputs: Dog barks
        myCat.makeSound(); // Outputs: Cat meows
    }
}
```

```java
public class Main {
    public static void main(String[] args) {
        MathUtils math = new MathUtils();
        System.out.println(math.add(5, 10));   // Outputs: 15
        System.out.println(math.add(5.5, 10.5));   // Outputs: 16.0
    }
}
```

3. La palabra clave instanceof

La palabra clave instanceof se utiliza para comprobar si un objeto es una instancia de una clase específica o una subclase de la misma.

Ejemplo:

```java
public class Main {
    public static void main(String[] args) {
        Animal myDog = new Dog();

        if (myDog instanceof Dog) {
            System.out.println("myDog is an instance of Dog");
        }
        if (myDog instanceof Animal) {
            System.out.println("myDog is an instance of Animal");
        }
    }
}
```

4. Envío dinámico de métodos

El envío dinámico de métodos es el mecanismo por el cual una llamada a un método anulado se resuelve en tiempo de ejecución en lugar de en tiempo de compilación. Permite a Java soportar el polimorfismo en tiempo de ejecución.

Por ejemplo:

```java
class Animal {
    public void makeSound() {
        System.out.println("Animal makes a sound");
    }
}


class Dog extends Animal {
    @Override
    public void makeSound() {
        System.out.println("Dog barks");
    }
}


class Cat extends Animal {
    @Override
    public void makeSound() {
        System.out.println("Cat meows");
    }
}


public class Main {
    public static void main(String[] args) {
        Animal myAnimal;

        myAnimal = new Dog();
        myAnimal.makeSound(); // Outputs: Dog barks

        myAnimal = new Cat();
        myAnimal.makeSound(); // Outputs: Cat meows
    }
}
```

Ventajas del polimorfismo

- **Reutilización del código:** Los métodos pueden utilizarse de múltiples formas.

- **Mantenimiento:** Simplifica el mantenimiento y la legibilidad del código.

- **Extensibilidad:** Se pueden añadir nuevas funcionalidades con cambios mínimos en el código existente.

Ejemplo práctico

Práctica 1:

Crea una superclase Shape con un método draw(). A continuación, cree subclases Circle y Rectangle que anulen el método draw(). Demuestre el polimorfismo llamando al método draw() en objetos de estas clases.

Shape.java:

```java
class Shape {
    public void draw() {
        System.out.println("Drawing a shape");
    }
}
```

Circle.java:

```java
class Circle extends Shape {
    @Override
    public void draw() {
        System.out.println("Drawing a circle");
    }
}
```

Rectangle.java:

```java
class Rectangle extends Shape {
    @Override
    public void draw() {
        System.out.println("Drawing a rectangle");
    }
}
```

Main.java:

```java
public class Main {
    public static void main(String[] args) {
        Shape myShape;

        myShape = new Circle();
        myShape.draw(); // Outputs: Drawing a circle

        myShape = new Rectangle();
        myShape.draw(); // Outputs: Drawing a rectangle
    }
}
```

Este ejemplo ilustra cómo el polimorfismo permite que un único método draw() tenga diferentes implementaciones dependiendo del tipo de objeto (Círculo o Rectángulo). Esta flexibilidad es uno de los puntos fuertes de la programación orientada a objetos y mejora la modularidad y escalabilidad del código.

Capítulo 5

Encapsulación y abstracción

Encapsulación en Java

La encapsulación es uno de los principios fundamentales de la programación orientada a objetos (POO). Se refiere a la agrupación de datos (campos) y métodos (funciones) que operan sobre los datos en una única unidad o clase. La encapsulación también implica restringir el acceso directo a algunos de los componentes del objeto, lo que es un medio de evitar interferencias no intencionadas y el uso indebido de los datos. Para ello se suelen utilizar modificadores de acceso.

Conceptos clave

1. **Ocultación de datos**

2. **Modificadores de acceso**

3. **Métodos Getter y Setter**

Ejemplo de encapsulación

Veamos un ejemplo de una clase Persona que demuestra la encapsulación.

Person.java

```java
public class Person {
    // Private fields (data hiding)
    private String name;
    private int age;

    // Constructor
    public Person(String name, int age) {
        this.name = name;
        this.age = age;
    }

    // Getter method for name
    public String getName() {
        return name;
    }

    // Setter method for name
    public void setName(String name) {
        this.name = name;
    }

    // Getter method for age
    public int getAge() {
        return age;
    }

    // Setter method for age
    public void setAge(int age) {
        if (age > 0) { // Validation
            this.age = age;
        }
    }
}
```

Main.java

```java
public class Main {
    public static void main(String[] args) {
        // Creating an object of Person class
        Person person = new Person("Alice", 30);

        // Accessing private fields using getter methods
        System.out.println("Name: " + person.getName()); // Outputs: Name: Alice
        System.out.println("Age: " + person.getAge()); // Outputs: Age: 30

        // Modifying private fields using setter methods
        person.setName("Bob");
        person.setAge(35);

        // Accessing modified fields
        System.out.println("Updated Name: " + person.getName()); // Outputs: Updated Name:
        System.out.println("Updated Age: " + person.getAge()); // Outputs: Updated Age: 35
    }
}
```

Explicación detallada

1. Ocultación de datos

La ocultación de datos se consigue declarando las variables de la clase como privadas. Esto restringe el acceso directo a los campos desde fuera de la clase.

```java
private string name;
private int age;
```

2. Modificadores de acceso

Los modificadores de acceso en Java controlan la visibilidad de los miembros de una clase. Los principales modificadores de acceso son:

- privado: El miembro sólo es accesible dentro de la misma clase.

- por defecto (sin modificador): El miembro sólo es accesible dentro del mismo paquete.

- protegido: El miembro es accesible dentro del mismo paquete y subclases.

- público: El miembro es accesible desde cualquier otra clase.

3. Métodos Getter y Setter

Los métodos getter y setter proporcionan una forma controlada de acceder y modificar los campos privados. Estos métodos permiten la validación, si es necesario, antes de establecer un valor.

```java
// Getter method for name
public String getName() {
    return name;
}

// Setter method for name
public void setName(String name) {
    this.name = name;
}

// Getter method for age
public int getAge() {
    return age;
}

// Setter method for age with validation
public void setAge(int age) {
    if (age > 0) {
        this.age = age;
    }
}
```

Ventajas de la encapsulación

- **Control mejorado**: Proporciona control sobre los datos restringiendo el acceso directo y permitiendo modificaciones controladas.

- **Mayor flexibilidad**: Permite cambios en la implementación sin afectar a otras partes del código.

- **Mayor facilidad de mantenimiento**: Facilita el mantenimiento y la comprensión del código.

- **Integridad de los datos**: Ayuda a proteger los datos de modificaciones accidentales o no autorizadas.

Ejemplo práctico

Práctica 1:

Crea una clase BankAccount con campos privados accountNumber, balance, y accountHolderName. Implementa métodos getter y setter para estos campos, e incluye un método para depositar y retirar dinero con validación.

BankAccount.java:

Solución

```
Ztring accountNumber;
        balance;
Ztring accountHolderName;



            (5tring accountNumber,           saldo, 5tring accountHolderName) (
.númeroDeCuenta = númeroDeCuenta;
.balance = balance;
.accountHolderName = nombre del titular de la cuenta;



3trlng                    () (
    acca untuumben;



                    ()(
    equilibrio
    ;



3tr:lng
    acca untH01denName;



                        (Ztring accountHolderName) (
.accountHolderName = nombre del titular de la cuenta;



            (          importe) (
{ importe '    ) ( saldo
 += importe;



            (          importe) (
{ aeount'    anount '= ba1ance) (
 balance -= amount;
```

157

Main.java:

```java
public class Main {
    public static void main(String[] args) {
        // Creating an object of BankAccount class
        BankAccount account = new BankAccount("123456789", 1000.0, "Alice");

        // Accessing private fields using getter methods
        System.out.println("Account Number: " + account.getAccountNumber());
        System.out.println("Balance: " + account.getBalance());
        System.out.println("Account Holder Name: " + account.getAccountHolderName());

        // Depositing money
        account.deposit(500.0);
        System.out.println("Updated Balance after deposit: " + account.getBalance());

        // Withdrawing money
        account.withdraw(300.0);
        System.out.println("Updated Balance after withdrawal: " + account.getBalance());

        // Trying to withdraw more than the balance
        account.withdraw(1500.0);
        System.out.println("Updated Balance after failed withdrawal: " + account.getBalanc
    }
}
```

Este ejemplo demuestra cómo la encapsulación permite crear clases con campos privados a los que sólo se puede acceder y modificar a través de métodos públicos. Esto garantiza que el estado interno del objeto esté protegido y sólo pueda modificarse de forma controlada.

Encapsulación:

- Agrupación de datos (campos) y métodos en una sola unidad (clase) y restricción del acceso directo a algunos de los componentes del objeto.

```java
public class Person {
    private String name;

    public String getName() {
        return name;
    }

    public void setName(String name) {
        this.name = name;
    }
}
```

Ejemplo:

```java
public class Main {
    public static void main(String[] args) {
        Person person = new Person();
        person.setName("John");
```

Abstracción:

- Ocultar los detalles complejos de la aplicación y mostrar sólo las características necesarias.

```java
abstract class Animal {
    abstract void makeSound();
}


class Dog extends Animal {
    void makeSound() {
        System.out.println("The dog barks.");
    }
}
```

Ejemplo:

```java
public class Main {
    public static void main(String[] args) {
        Animal myDog = new Dog();
        myDog.makeSound();   // Outputs: The dog barks.
    }
}
```

Capítulo 6: Estructuras de datos básicas

Matrices:

- Las matrices son una colección de elementos del mismo tipo, almacenados en posiciones de memoria contiguas.

- Las matrices tienen un tamaño fijo una vez creadas.

Declaración e inicialización:

```
int[] numbers = new int[5]; // Declaration with size
int[] moreNumbers = {1, 2, 3, 4, 5}; // Declaration with initialization
```

Acceso a los elementos:

```
numbers[0] = 10;
int firstNumber = moreNumbers[0];
```

Ejemplo:

```java
public class Main {
    public static void main(String[] args) {
        int[] numbers = {1, 2, 3, 4, 5};
        for (int i = 0; i < numbers.length; i++) {
            System.out.println("Element at index " + i + ": " + numbers[i]);
        }
    }
}
```

Cuerdas:

- Las cadenas son objetos de Java que representan secuencias de caracteres.
- Las cadenas son inmutables, lo que significa que su valor no puede cambiarse una vez creadas.

Declaración e inicialización:

```
String greeting = "Hello, World!";
String name = new String("John Doe");
```

Métodos de cadena comunes:

- longitud(): Devuelve la longitud de la cadena.
- charAt(int índice): Devuelve el carácter en el índice especificado.
- substring(int beginIndex, int endIndex): Devuelve una subcadena.
- equals(Objeto otro): Compara dos cadenas para la igualdad.
- toUpperCase(): Convierte todos los caracteres a mayúsculas.

Ejemplo:

```
public class Main {
    public static void main(String[] args) {
        String greeting = "Hello, World!";
        System.out.println("Length: " + greeting.length());
        System.out.println("Character at index 1: " + greeting.charAt(1));
        System.out.println("Substring: " + greeting.substring(7, 12));
        System.out.println("Uppercase: " + greeting.toUpperCase());
    }
}
```

ArrayList:

- Un array redimensionable que implementa la interfaz List.

- Permite duplicar elementos y mantiene el orden de inserción.

Ejemplo:

```java
import java.util.ArrayList;

public class Main {
    public static void main(String[] args) {
        ArrayList<String> list = new ArrayList<>();
        list.add("Apple");
        list.add("Banana");
        list.add("Orange");

        for (String fruit : list) {
            System.out.println(fruit);
        }
    }
}
```

LinkedList:

- Una implementación de listas doblemente enlazadas de las interfaces List y Deque.

- Eficaz para inserciones y supresiones en ambos extremos.

Ejemplo:

```java
import java.util.LinkedList;

public class Main {
    public static void main(String[] args) {
        LinkedList<String> list = new LinkedList<>();
        list.add("Apple");
        list.add("Banana");
        list.add("Orange");

        for (String fruit : list) {
            System.out.println(fruit);
        }
    }
}
```

Capítulo 7: Tratamiento de excepciones

Introducción a las excepciones

Excepciones:

- Una excepción es un evento que interrumpe el flujo normal de un programa.

- Java proporciona un mecanismo robusto para manejar errores en tiempo de ejecución a través del manejo de excepciones.

Tipos de excepciones:

- **Excepciones verificadas:** Subclases de Exception (excepto RuntimeException). Deben ser capturadas o declaradas en la firma del método.

- **Excepciones no verificadas:** Subclases de RuntimeException. No es necesario declararlas ni capturarlas.

- **Errores:** Subclases de error. Indican problemas graves que las aplicaciones no deben intentar detectar.

Intentar, atrapar y finalmente

Sintaxis:

```
try {
    // Code that may throw an exception
} catch (ExceptionType e) {
    // Code to handle the exception
} finally {
    // Code that will always execute, regardless of whether an exception was thrown
}
```

Por ejemplo:

```java
public class Main {
    public static void main(String[] args) {
        try {
            int result = 10 / 0;
        } catch (ArithmeticException e) {
            System.out.println("An error occurred: " + e.getMessage());
        } finally {
            System.out.println("This block is always executed.");
        }
    }
}
```

Excepciones personalizadas

Creación de excepciones personalizadas:

- Extienda la clase Exception (para excepciones verificadas) o la clase RuntimeException (para excepciones no verificadas).

Ejemplo:

```java
class CustomException extends Exception {
    public CustomException(String message) {
        super(message);
    }
}

public class Main {
    public static void main(String[] args) {
        try {
            throw new CustomException("This is a custom exception");
        } catch (CustomException e) {
            System.out.println(e.getMessage());
        }
    }
}
```

Capítulo 8: E/S y serialización de archivos

La E/S (Entrada/Salida) de archivos es una parte fundamental de la programación Java, que permite leer y escribir en archivos. La serialización es un mecanismo para convertir el estado de un objeto en un flujo de bytes, que puede guardarse en un archivo o enviarse a través de una red. La deserialización es el proceso inverso, en el que el flujo de bytes se convierte de nuevo en un objeto.

1. Lectura y escritura de archivos

Archivos de lectura

Para leer archivos en Java, puede utilizar clases como FileReader, BufferedReader o Scanner.

- **Uso de FileReader y BufferedReader:**

La clase FileReader es una forma sencilla de leer caracteres de un fichero. Para mejorar la eficiencia, a menudo se utiliza junto con BufferedReader, que almacena en búfer la entrada para hacer la lectura más eficiente.

Ejemplo: Lectura de un fichero línea por línea

```java
import java.io.BufferedReader;
import java.io.FileReader;
import java.io.IOException;

public class FileReadExample {
    public static void main(String[] args) {
        String filePath = "example.txt";

        try (BufferedReader reader = new BufferedReader(new FileReader(filePath))) {
            String line;
            while ((line = reader.readLine()) != null) {
                System.out.println(line);
            }
        } catch (IOException e) {
            e.printStackTrace();
        }
    }
}
```

Explicación:

FileReader se utiliza para leer el archivo "ejemplo.txt".

BufferedReader envuelve a FileReader para permitir una lectura eficiente

de las líneas. El programa lee e imprime cada línea del fichero hasta el final.

Lectura de un fichero:

```java
import java.io.BufferedReader;
import java.io.FileReader;
import java.io.IOException;

public class Main {
    public static void main(String[] args) {
        try (BufferedReader br = new BufferedReader(new FileReader("file.txt"))) {
            String line;
            while ((line = br.readLine()) != null) {
                System.out.println(line);
            }
        } catch (IOException e) {
            e.printStackTrace();
        }
    }
}
```

Archivos de escritura

Para escribir en archivos, puede utilizar FileWriter o BufferedWriter.

- **Uso de FileWriter y BufferedWriter:**

La clase FileWriter permite escribir caracteres en un archivo, y BufferedWriter puede utilizarse para escribir texto en un flujo de salida de caracteres, almacenando los caracteres en búfer para proporcionar una escritura eficiente.

```java
import java.io.BufferedWriter;
import java.io.FileWriter;
import java.io.IOException;

public class FileWriteExample {
    public static void main(String[] args) {
        String filePath = "example.txt";
        String content = "Hello, World!\nWelcome to File I/O in Java.";

        try (BufferedWriter writer = new BufferedWriter(new FileWriter(filePath))) {
            writer.write(content);
        } catch (IOException e) {
            e.printStackTrace();
        }
    }
}
```

Explicación:

- FileWriter se utiliza para escribir en el archivo "ejemplo.txt".
- BufferedWriter envuelve FileWriter para permitir la escritura eficiente.
- El programa escribe el contenido de la cadena en el archivo.

Escribir en un archivo:

```java
import java.io.BufferedWriter;
import java.io.FileWriter;
import java.io.IOException;

public class Main {
    public static void main(String[] args) {
        try (BufferedWriter bw = new BufferedWriter(new FileWriter("file.txt"))) {
            bw.write("Hello, World!");
        } catch (IOException e) {
            e.printStackTrace();
        }
    }
}
```

Ejercicio práctico:

Tarea: Cree un programa Java que lea de un archivo llamado "input.txt" y escriba el contenido en otro archivo llamado "output.txt". Añada algún texto adicional como "Procesado por el programa Java" al final del archivo de salida.

Solución:

```java
import java.io.BufferedReader;
import java.io.BufferedWriter;
import java.io.FileReader;
import java.io.FileWriter;
import java.io.IOException;

public class FileCopyExample {
    public static void main(String[] args) {
        String inputFilePath = "input.txt";
        String outputFilePath = "output.txt";

        try (BufferedReader reader = new BufferedReader(new FileReader(inputFilePath));
             BufferedWriter writer = new BufferedWriter(new FileWriter(outputFilePath))) {

            String line;
            while ((line = reader.readLine()) != null) {
                writer.write(line);
                writer.newLine();
            }

            // Adding additional text
            writer.write("Processed by Java program");

        } catch (IOException e) {
            e.printStackTrace();
        }
    }
}
```

Explicación:

- El programa lee cada línea de "input.txt" y la escribe en "output.txt".

- Tras copiar todo el contenido, añade "Procesado por programa Java" al final del archivo de salida.

Serialización y deserialización

La serialización es el proceso de convertir un objeto en un flujo de bytes, de modo que pueda guardarse fácilmente en un archivo o transmitirse a través de una red. La deserialización es el proceso de convertir el flujo de bytes de nuevo en un objeto.

Serialización

Para serializar un objeto, la clase debe implementar la interfaz Serializable. Esta interfaz es una interfaz marcadora, lo que significa que no tiene ningún método que implementar, pero indica que la clase se puede serializar.

Ejemplo: Serialización

```java
import java.io.FileOutputStream;
import java.io.IOException;
import java.io.ObjectOutputStream;
import java.io.Serializable;

class Person implements Serializable {
    private static final long serialVersionUID = 1L;

    private String name;
    private int age;

    public Person(String name, int age) {
        this.name = name;
        this.age = age;
    }

    public String toString() {
        return "Person[name=" + name + ", age=" + age + "]";
    }
}

public class SerializationExample {
    public static void main(String[] args) {
        Person person = new Person("John Doe", 30);

        try (FileOutputStream fileOut = new FileOutputStream("person.ser");
            ObjectOutputStream out = new ObjectOutputStream(fileOut)) {

            out.writeObject(person);
            System.out.println("Serialized data is saved in person.ser");

        } catch (IOException e) {
            e.printStackTrace();
        }
    }
}
```

Explicación:

- La clase Persona implementa Serializable, lo que la hace apta para la serialización.

- Una instancia de Persona es creada y serializada a un archivo llamado "person.ser" usando ObjectOutputStream.

Serialización:

- Proceso de conversión de un objeto en un flujo de bytes.

Deserialización:

- Proceso de conversión de un flujo de bytes en un objeto.

Por ejemplo:

```java
import java.io.*;

class Person implements Serializable {
    private static final long serialVersionUID = 1L;
    String name;
    int age;

    public Person(String name, int age) {
        this.name = name;
        this.age = age;
    }
}

public class Main {
    public static void main(String[] args) {
        Person person = new Person("John", 30);
        // Serialization
        try (ObjectOutputStream oos = new ObjectOutputStream(new FileOutputStream("person.
            oos.writeObject(person);
        } catch (IOException e) {
            e.printStackTrace();
        }

        // Deserialization
        try (ObjectInputStream ois = new ObjectInputStream(new FileInputStream("person.ser
            Person deserializedPerson = (Person) ois.readObject();
            System.out.println("Name: " + deserializedPerson.name + ", Age: " + deserializ
        } catch (IOException | ClassNotFoundException e) {
            e.printStackTrace();
        }
    }
}
```

Deserialización

Para deserializar un objeto, se utiliza ObjectInputStream para leer el objeto desde el archivo y convertirlo de nuevo en una instancia de la clase.

Ejemplo: Deserialización

```java
import java.io.FileInputStream;
import java.io.IOException;
import java.io.ObjectInputStream;

public class DeserializationExample {
    public static void main(String[] args) {
        Person person = null;

        try (FileInputStream fileIn = new FileInputStream("person.ser");
            ObjectInputStream in = new ObjectInputStream(fileIn)) {

            person = (Person) in.readObject();
            System.out.println("Deserialized Person:");
            System.out.println(person);

        } catch (IOException | ClassNotFoundException e) {
            e.printStackTrace();
        }
    }
}
```

Explicación:

El programa lee el archivo "person.ser" y deserializa el flujo de bytes en un objeto Person. A continuación, imprime el objeto deserializado.

Ejercicio práctico:

Tarea: Crear un programa Java que serialice un objeto que representa un libro (con atributos como título, autor y precio) y luego lo deserialice desde el archivo, imprimiendo los detalles del libro.

Solución:

```java
import java.io.*;

class Book implements Serializable {
    private static final long serialVersionUID = 1L;

    private String title;
    private String author;
    private double price;

    public Book(String title, String author, double price) {
        this.title = title;
        this.author = author;
        this.price = price;
    }

    public String toString() {
        return "Book[title=" + title + ", author=" + author + ", price=" + price + "]";
    }
}

public class BookSerializationExample {
    public static void main(String[] args) {
        // Create a Book object
        Book book = new Book("Effective Java", "Joshua Bloch", 45.99);

        // Serialize the book object
        try (FileOutputStream fileOut = new FileOutputStream("book.ser");
             ObjectOutputStream out = new ObjectOutputStream(fileOut)) {

            out.writeObject(book);
            System.out.println("Serialized data is saved in book.ser");

        } catch (IOException e) {
            e.printStackTrace();
        }

        // Deserialize the book object
        try (FileInputStream fileIn = new FileInputStream("book.ser");
             ObjectInputStream in = new ObjectInputStream(fileIn)) {

            Book deserializedBook = (Book) in.readObject();
            System.out.println("Deserialized Book:");
            System.out.println(deserializedBook);

        } catch (IOException | ClassNotFoundException e) {
            e.printStackTrace();
        }
    }
}
```

Capítulo 9

Marco de Colecciones de Java: Interfaces List, Set y Map

Java Collections Framework (JCF) proporciona un conjunto de interfaces y clases para almacenar y manipular grupos de datos como una sola unidad: una colección. Las principales interfaces de JCF son List, Set y Map. Cada una de estas interfaces define diferentes formas de almacenar y acceder a los elementos.

1. Interfaz de lista

La interfaz List amplía la interfaz Collection y representa una colección ordenada (también conocida como secuencia). Las listas pueden contener elementos duplicados y se puede acceder a los elementos por su índice.

Implementaciones clave:

- ArrayList: Una implementación de array redimensionable.

- ListaEnlazada: Una implementación de listas doblemente enlazadas.

- Vector: Una matriz redimensionable sincronizada.

- Pila: Una subclase de Vector que representa una pila LIFO.

Métodos comunes en la lista:

- add(E e): Añade el elemento especificado al final de la lista.

- add(int índice, E elemento): Inserta el elemento especificado en la posición especificada de la lista.

- get(int índice): Devuelve el elemento en la posición especificada de la lista.

- eliminar(int índice): Elimina el elemento en la posición especificada de la lista.

- indexOf(Objeto o): Devuelve el índice de la primera aparición del elemento especificado en la lista.

- tamaño(): Devuelve el número de elementos de la lista.

Ejemplo con ArrayList

```java
import java.util.ArrayList;
import java.util.List;

public class ListExample {
    public static void main(String[] args) {
        List<String> list = new ArrayList<>();

        // Adding elements to the list
        list.add("Apple");
        list.add("Banana");
        list.add("Cherry");

        // Accessing elements by index
        System.out.println("Element at index 1: " + list.get(1)); // Banana

        // Iterating over the list
        System.out.println("List elements:");
        for (String fruit : list) {
            System.out.println(fruit);
        }

        // Removing an element
        list.remove("Banana");

        // Checking the size of the list
        System.out.println("List size after removal: " + list.size());
    }
}
```

Salida:

```
Element at index 1: Banana
List elements:
Apple
Banana
Cherry
List size after removal: 2
```

179

Las interfaces List, Set y Map forman parte del marco de trabajo Collections de Java y proporcionan potentes herramientas para manejar grupos de objetos (colecciones) con diferentes comportamientos y características. A continuación, exploraremos cada una de estas interfaces en detalle, incluyendo sus características clave, uso y ejemplos. También incluiremos ejercicios prácticos con soluciones.

Interfaz de la lista:
Visión general:

- Colección ordenada: Lista mantiene el orden de los elementos en el que se insertan.

- Duplicados permitidos: La lista puede contener elementos duplicados.

- Acceso indexado: Se puede acceder a los elementos por su posición de índice.

Implementaciones comunes:

- ArrayList

- Lista enlazada

- Vector (Menos utilizado)

Ejemplo

```java
import java.util.ArrayList;
import java.util.List;

public class ListExample {
    public static void main(String[] args) {
        List<String> list = new ArrayList<>();

        // Adding elements to the list
        list.add("Apple");
        list.add("Banana");
        list.add("Cherry");
        list.add("Apple");   // Duplicates allowed

        // Accessing elements by index
        System.out.println("Element at index 0: " + list.get(0));   // Outputs: Apple

        // Iterating over the list
        System.out.println("Iterating over the list:");
        for (String fruit : list) {
            System.out.println(fruit);
        }

        // Removing an element by index
        list.remove(1);
        System.out.println("After removing element at index 1: " + list);

        // Checking if the list contains an element
        boolean containsApple = list.contains("Apple");
        System.out.println("List contains 'Apple': " + containsApple);
    }
}
```

```
Element at index 0: Apple
Iterating over the list:
Apple
Banana
Cherry
Apple
After removing element at index 1: [Apple, Cherry, Apple]
List contains 'Apple': true
```

Métodos clave:

- add(E e): Añade un elemento a la lista.

- get(int índice): Recupera el elemento en el índice especificado.

- eliminar(int índice): Elimina el elemento en el índice especificado.

- contains(Objeto o): Comprueba si la lista contiene el elemento especificado.

- tamaño(): Devuelve el número de elementos de la lista.

Por ejemplo:

```java
import java.util.ArrayList;
import java.util.List;

public class Main {
    public static void main(String[] args) {
        List<String> list = new ArrayList<>();
        list.add("Apple");
        list.add("Banana");
        list.add("Apple");   // Allows duplicate

        for (String fruit : list) {
            System.out.println(fruit);
        }
    }
}
```

Establecer interfaz

La interfaz Conjunto amplía la interfaz Colección y representa una colección que no puede contener elementos duplicados. Modela la abstracción matemática de conjunto.

Implementaciones clave:

- **HashSet**: Almacena elementos en una tabla hash y no garantiza ningún orden específico de los elementos.

- **LinkedHashSet**: Mantiene una lista enlazada de las entradas del conjunto, en el orden en que fueron insertadas.

- **TreeSet**: Implementa la interfaz NavigableSet, utilizando un árbol para el almacenamiento. Los elementos se ordenan utilizando su orden natural o un comparador personalizado.

Métodos comunes en Set:

- add(E e): Añade el elemento especificado al conjunto si no está ya presente.

- contiene(Objeto o): Devuelve true si el conjunto contiene el elemento especificado.

- remove(Objeto o): Elimina el elemento especificado del conjunto si está presente.

- tamaño(): Devuelve el número de elementos del conjunto.

- isEmpty(): Devuelve true si el conjunto no contiene elementos.

Visión general:

- **Colección desordenada**: Conjunto no mantiene ningún orden de los elementos.

- **No Duplicados**: El conjunto no permite elementos duplicados.

Implementaciones comunes:

- HashSet

- LinkedHashSet (Mantiene el orden de inserción)

- TreeSet (Mantiene el orden)

Ejemplo: Uso de HashSet

```java
import java.util.HashSet;
import java.util.Set;

public class SetExample {
    public static void main(String[] args) {
        Set<String> set = new HashSet<>();

        // Adding elements to the set
        set.add("Dog");
        set.add("Cat");
        set.add("Elephant");
        set.add("Dog"); // Duplicate element

        // Checking if an element exists
        System.out.println("Set contains 'Cat': " + set.contains("Cat"));

        // Iterating over the set
        System.out.println("Set elements:");
        for (String animal : set) {
            System.out.println(animal);
        }

        // Removing an element
        set.remove("Cat");

        // Checking the size of the set
        System.out.println("Set size after removal: " + set.size());
    }
}
```

```
Set contains 'Cat': true
Set elements:
Dog
Elephant
Cat
Set size after removal: 2
```

Ejemplo 1

```java
import java.util.HashSet;
import java.util.Set;

public class Main {
    public static void main(String[] args) {
        Set<String> set = new HashSet<>();
        set.add("Apple");
        set.add("Banana");
        set.add("Apple");   // Does not allow duplicate

        for (String fruit : set) {
            System.out.println(fruit);
        }
    }
}
```

Ejemplo 2

```java
import java.util.HashSet;
import java.util.Set;

public class SetExample {
    public static void main(String[] args) {
        Set<String> set = new HashSet<>();

        // Adding elements to the set
        set.add("Apple");
        set.add("Banana");
        set.add("Cherry");
        set.add("Apple");  // Duplicate, will not be added

        // Iterating over the set
        System.out.println("Iterating over the set:");
        for (String fruit : set) {
            System.out.println(fruit);
        }

        // Checking if the set contains an element
        boolean containsBanana = set.contains("Banana");
        System.out.println("Set contains 'Banana': " + containsBanana);

        // Removing an element
        set.remove("Cherry");
        System.out.println("After removing 'Cherry': " + set);

        // Checking the size of the set
        System.out.println("Set size: " + set.size());
    }
}
```

Salida:

```
Iterating over the set:
Apple
Banana
Cherry
Set contains 'Banana': true
After removing 'Cherry': [Apple, Banana]
Set size: 2
```

Métodos clave:

- add(E e): Añade un elemento al conjunto.

- remove(Objeto o): Elimina el elemento especificado del conjunto.

- contains(Objeto o): Comprueba si el conjunto contiene el elemento especificado.

- tamaño(): Devuelve el número de elementos del conjunto.

- isEmpty(): Comprueba si el conjunto está vacío.

Interfaz de mapa

La interfaz Map representa una colección de pares clave-valor, donde cada clave es única. Los mapas no forman parte de la interfaz Collection.

Implementaciones clave:

- **HashMap**: Una implementación basada en una tabla hash que permite valores y claves nulos.

- **LinkedHashMap**: Extiende HashMap y mantiene una lista enlazada de las entradas, preservando el orden de inserción.

- **TreeMap**: Implementa la interfaz NavigableMap y utiliza un árbol para almacenar las claves ordenadas.

- **Hashtable**: Similar a HashMap, pero sincronizado y no permite claves o valores nulos.

Métodos comunes en Map:

- put(K clave, V valor): Asocia el valor especificado con la clave especificada en este mapa.

- get(Clave de objeto): Devuelve el valor al que está asignada la clave especificada, o null si este mapa no contiene ninguna asignación para la clave.

- remove(Clave objeto): Elimina la asignación de una clave de este mapa si está presente.

- containsKey(Clave de objeto): Devuelve true si este mapa contiene una asignación para la clave especificada.

- keySet(): Devuelve una vista Set de las claves contenidas en este mapa.

- valores(): Devuelve una vista de Colección de los valores contenidos en este mapa.

Visión general:

- **Colección de pares clave-valor**: Mapa almacena elementos como pares clave-valor.

- **Sin claves duplicadas**: Cada clave de un Mapa debe ser única.

- **Claves y valores**: Los valores pueden duplicarse, pero las claves no.

Implementaciones comunes:

- HashMap

- LinkedHashMap (Mantiene el orden de inserción)

- TreeMap (Mantiene el orden por claves)

Ejemplo de uso de HashMap

```java
import java.util.HashMap;
import java.util.Map;

public class MapExample {
    public static void main(String[] args) {
        Map<String, Integer> map = new HashMap<>();

        // Adding key-value pairs to the map
        map.put("Apple", 10);
        map.put("Banana", 20);
        map.put("Orange", 30);

        // Accessing a value by key
        System.out.println("Price of Apple: " + map.get("Apple"));

        // Iterating over the map
        System.out.println("Map entries:");
        for (Map.Entry<String, Integer> entry : map.entrySet()) {
            System.out.println(entry.getKey() + " -> " + entry.getValue());
        }

        // Removing a key-value pair
        map.remove("Banana");

        // Checking if a key exists
        System.out.println("Map contains 'Banana': " + map.containsKey("Banana"));
    }
}
```

```
Price of Apple: 10
Map entries:
Apple -> 10
Banana -> 20
Orange -> 30
Map contains 'Banana': false
```

Resumen:

- Lista: Colección ordenada que puede contener elementos duplicados. Se puede acceder a los elementos por su índice.

- Conjunto: Colección que no puede contener elementos duplicados. No está ordenada por defecto (excepto en el caso de LinkedHashSet o TreeSet).

- Mapa: Una colección de pares clave-valor, donde cada clave es única. Permite recuperar rápidamente un valor en función de una clave.

Ejemplo 1

```java
import java.util.HashMap;
import java.util.Map;

public class MapExample {
    public static void main(String[] args) {
        Map<String, Integer> map = new HashMap<>();

        // Adding key-value pairs to the map
        map.put("Apple", 3);
        map.put("Banana", 5);
        map.put("Cherry", 7);

        // Accessing value by key
        System.out.println("Value for key 'Apple': " + map.get("Apple"));  // Outputs: 3

        // Iterating over the map
        System.out.println("Iterating over the map:");
        for (Map.Entry<String, Integer> entry : map.entrySet()) {
            System.out.println(entry.getKey() + ": " + entry.getValue());
        }

        // Checking if a key exists in the map
        boolean containsBanana = map.containsKey("Banana");
        System.out.println("Map contains key 'Banana': " + containsBanana);

        // Removing a key-value pair
        map.remove("Cherry");
        System.out.println("After removing 'Cherry': " + map);

        // Checking the size of the map
        System.out.println("Map size: " + map.size());
    }
}
```

Salida

```
Value for key 'Apple': 3
Iterating over the map:
Apple: 3
Banana: 5
Cherry: 7
Map contains key 'Banana': true
After removing 'Cherry': {Apple=3, Banana=5}
Map size: 2
```

Métodos clave:

- put(K clave, V valor): Añade un par clave-valor al mapa.

- get(Clave objeto): Recupera el valor asociado a la clave especificada.

- remove(Clave objeto): Elimina el par clave-valor de la clave especificada.

- containsKey(Clave de objeto): Comprueba si el mapa contiene la clave especificada.

- size(): Devuelve el número de pares clave-valor del mapa.

Ejemplo 2

```java
import java.util.HashMap;

import java.util.Map;


public class Main {

    public static void main(String[] args) {

        Map<Integer, String> map = new HashMap<>();

        map.put(1, "Apple");

        map.put(2, "Banana");


        for (Map.Entry<Integer, String> entry : map.entrySet()) {

            System.out.println("Key: " + entry.getKey() + ", Value: " + entry.getValue());

        }

    }

}
```

Práctica 1: Trabajar con listas

Tarea: Crear una Lista de enteros y realizar las siguientes operaciones:

1. Añade números a la lista.

2. Elimina un número por su valor.

3. Comprueba si la lista contiene un número concreto.

4. Imprime todos los elementos de la lista.

Solución:

```java
import java.util.ArrayList;
import java.util.List;

public class ListPractice {
    public static void main(String[] args) {
        List<Integer> numbers = new ArrayList<>();

        // Adding numbers to the list
        numbers.add(10);
        numbers.add(20);
        numbers.add(30);
        numbers.add(40);
        numbers.add(50);

        // Removing a number by its value
        numbers.remove(Integer.valueOf(30));

        // Checking if the list contains a specific number
        boolean contains20 = numbers.contains(20);
        System.out.println("List contains 20: " + contains20);

        // Printing all the elements of the list
        System.out.println("Elements in the list:");
        for (int number : numbers) {
            System.out.println(number);
        }
    }
}
```

Práctica 2: Trabajar con conjuntos

Tarea: Crear un conjunto de cadenas que representen colores y realizar las siguientes operaciones:

1. Añade colores al conjunto.

2. Comprueba si un color específico está en el conjunto.

3. Eliminar un color.

4. Imprime todos los colores del juego.

Solución:

```java
import java.util.HashSet;
import java.util.Set;

public class SetPractice {
    public static void main(String[] args) {
        Set<String> colors = new HashSet<>();

        // Adding colors to the set
        colors.add("Red");
        colors.add("Blue");
        colors.add("Green");
        colors.add("Yellow");
        colors.add("Red");   // Duplicate, will not be added

        // Checking if the set contains a specific color
        boolean containsBlue = colors.contains("Blue");
        System.out.println("Set contains 'Blue': " + containsBlue);

        // Removing a color
        colors.remove("Green");

        // Printing all the colors in the set
        System.out.println("Colors in the set:");
        for (String color : colors) {
            System.out.println(color);
        }
    }
}
```

Ejercicios prácticos:

1. **Tarea:**

   o Crear un ArrayList de nombres de alumnos. Añade nombres, elimina un nombre específico y muestra la lista.

   o **Solución:**

```java
import java.util.ArrayList;
import java.util.List;

public class StudentList {
    public static void main(String[] args) {
        List<String> students = new ArrayList<>();

        // Add students
        students.add("John");
        students.add("Alice");
        students.add("Bob");

        // Display the list
        System.out.println("Students: " + students);

        // Remove a student
        students.remove("Alice");

        // Display the list after removal
        System.out.println("Students after removal: " + students);
    }
}
```

2. Tarea:

Crear un HashSet de títulos de libros. Añade títulos, comprueba si existe un título específico y muestra todos los títulos.

Solución:

```java
import java.util.HashSet;
import java.util.Set;

public class BookSet {
    public static void main(String[] args) {
        Set<String> books = new HashSet<>();

        // Add books
        books.add("The Great Gatsby");
        books.add("Moby Dick");
        books.add("1984");

        // Check if a book exists
        System.out.println("Contains '1984': " + books.contains("1984"));

        // Display all books
        System.out.println("Books: " + books);
    }
}
```

3. Tarea:

- Crear un HashMap para almacenar nombres de productos como claves y precios como valores. Añadir, actualizar, eliminar productos y mostrar todas las entradas.

- **Solución:**

```java
import java.util.HashMap;
import java.util.Map;

public class ProductMap {
    public static void main(String[] args) {
        Map<String, Double> products = new HashMap<>();

        // Add products
        products.put("Laptop", 799.99);
        products.put("Smartphone", 499.99);
        products.put("Tablet", 299.99);

        // Update product price
        products.put("Smartphone", 450.00);

        // Remove a product
        products.remove("Tablet");

        // Display all products
        for (Map.Entry<String, Double> entry : products.entrySet()) {
            System.out.println(entry.getKey() + ": $" + entry.getValue());
        }
    }
}
```

Estos ejercicios ayudan a solidificar su comprensión de las interfaces List, Set y Map y sus implementaciones comunes. La comprensión de estos conceptos es crucial para una programación Java eficiente y eficaz.

Tarea: Crear un Mapa de nombres de empleados (claves) y sus salarios (valores) y realizar las siguientes operaciones:

1. Añade empleados y sus salarios al mapa.

2. Actualizar el salario de un empleado concreto.

3. Eliminar un empleado del mapa.

4. Imprime todos los empleados y sus salarios.

Solución:

```java
import java.util.HashMap;
import java.util.Map;

public class MapPractice {
    public static void main(String[] args) {
        Map<String, Integer> employeeSalaries = new HashMap<>();

        // Adding employees and their salaries to the map
        employeeSalaries.put("Alice", 50000);
        employeeSalaries.put("Bob", 60000);
        employeeSalaries.put("Charlie", 70000);

        // Updating the salary of a specific employee
        employeeSalaries.put("Alice", 55000);  // Update Alice's salary

        // Removing an employee from the map
        employeeSalaries.remove("Bob");

        // Printing all the employees and their salaries
        System.out.println("Employees and their salaries:");
        for (Map.Entry<String, Integer> entry : employeeSalaries.entrySet()) {
            System.out.println(entry.getKey() + ": " + entry.getValue());
        }
    }
}
```

Resumen

Lista: Colección ordenada que permite duplicados. Comúnmente implementado por ArrayList y LinkedList.

Conjunto: Colección desordenada que no permite duplicados. Comúnmente implementado por HashSet y TreeSet.

Mapa: Colección de pares clave-valor, con claves únicas. Comúnmente implementado por HashMap y TreeMap.

Estas interfaces y sus implementaciones proporcionan la base para trabajar con colecciones en Java, permitiendo a los desarrolladores elegir la estructura de datos más adecuada en función de sus necesidades específicas.

Capítulo 10

Comprender HashMap, TreeMap, HashSet, TreeSet

Java Collections Framework (JCF) proporciona potentes estructuras de datos para almacenar y manipular datos de manera eficiente. Cuatro estructuras de datos de uso común en este marco son HashMap, TreeMap, HashSet y TreeSet. Cada una de estas estructuras tiene características únicas, ventajas y compensaciones, que las hacen adecuadas para diferentes escenarios.

1. HashMap

Visión general:

- **HashMap** es una estructura de datos que implementa la interfaz Map y almacena pares clave-valor.

- Utiliza **una tabla hash** para el almacenamiento, proporcionando búsquedas rápidas, inserciones y eliminaciones.

- Las claves se agrupan en cubos, y la posición del cubo en la tabla hash viene determinada por el código hash de la clave.

Características clave:

- **Orden**: HashMap no garantiza ningún orden específico de los elementos.

- **Valores nulos**: Permite una clave nula y múltiples valores nulos.

- **Rendimiento**: La complejidad media de operaciones como get(), put(), remove() es O(1).

Métodos comunes:

- put(K clave, V valor): Asocia el valor especificado con la clave especificada en este mapa.

- get(Clave de objeto): Devuelve el valor al que está asignada la clave especificada.

- remove(Clave objeto): Elimina la asignación de la clave especificada.

- containsKey(Clave de objeto): Devuelve true si este mapa contiene una asignación para la clave especificada.

- keySet(): Devuelve una vista Set de las claves contenidas en este mapa.

- valores(): Devuelve una vista de Colección de los valores contenidos en este mapa.

Ejemplo de uso de Hashmap

```
.yap'str1 g, Integer' rashHap=




hashKap. put(
hashKap. putt
hashl"\ap. putt




                                          ha hip.getl          )):



sister.out.pr1rt Lnt                    ).
    (kap.Eñt ry '5tr1ng Iñteg4r' entry ! hashflap.ent ry5et( ) )
    systea.out. tr1nt1r(entry.getEeyl} +              ' ents.getya1ze());




hashl"\ap. renov4(           );



                                              - hash8ap.co1ta1ns£+y(          ) )j
```

204

Salida

```
Price of Apple: 10
HashMap entries:
Apple -> 10
Banana -> 20
Orange -> 30
HashMap contains 'Banana': false
```

Por ejemplo:

```java
import java.util.HashMap;
import java.util.Map;

public class HashMapExample {
    public static void main(String[] args) {
        Map<String, Integer> hashMap = new HashMap<>();

        // Adding key-value pairs to the HashMap
        hashMap.put("Alice", 30);
        hashMap.put("Bob", 25);
        hashMap.put("Charlie", 35);
        hashMap.put("David", 40);

        // Accessing a value by key
        System.out.println("Alice's age: " + hashMap.get("Alice"));  // Outputs: 30

        // Iterating over the HashMap
        System.out.println("All key-value pairs in the HashMap:");
        for (Map.Entry<String, Integer> entry : hashMap.entrySet()) {
            System.out.println(entry.getKey() + ": " + entry.getValue());
        }

        // Checking if a key exists
        boolean hasKey = hashMap.containsKey("Bob");
        System.out.println("HashMap contains 'Bob': " + hasKey);

        // Removing a key-value pair
        hashMap.remove("Charlie");

        // Printing the HashMap after removal
        System.out.println("HashMap after removing 'Charlie': " + hashMap);
    }
}
```

Salida

```
Alice's age: 30

All key-value pairs in the HashMap:

Alice: 30

Bob: 25

Charlie: 35

David: 40

HashMap contains 'Bob': true

HashMap after removing 'Charlie': {Alice=30, Bob=25, David=40}
```

- **Tarea**: Crear un HashMap que almacene los nombres de los alumnos y sus notas. Escribe métodos para:

    1. Añade un alumno y su nota.

    2. Recuperar una calificación por el nombre del alumno.

    3. Actualizar la nota de un alumno.

    4. Eliminar un alumno del HashMap.

    5. Imprime todos los alumnos y sus calificaciones.

Solución 1

La solución incluye métodos para añadir un alumno y su calificación, recuperar una calificación por el nombre del alumno, actualizar la calificación de un alumno, eliminar un alumno e imprimir todos los alumnos y sus calificaciones.

```java
import java.util.HashMap;
import java.util.Map;

public class StudentGrades {

    // HashMap to store student names as keys and their grades as values
    private Map<String, Integer> studentGrades;

    // Constructor to initialize the HashMap
    public StudentGrades() {
        studentGrades = new HashMap<>();
    }

    // Method to add a student and their grade
    public void addStudent(String name, int grade) {
        studentGrades.put(name, grade);
        System.out.println("Added " + name + " with grade " + grade);
    }

    // Method to retrieve a student's grade by their name
    public Integer getGrade(String name) {
        return studentGrades.get(name);
    }

    // Method to update a student's grade
    public void updateGrade(String name, int newGrade) {
        if (studentGrades.containsKey(name)) {
            studentGrades.put(name, newGrade);
            System.out.println("Updated " + name + "'s grade to " + newGrade);
        } else {
            System.out.println("Student " + name + " does not exist.");
        }
    }

    // Method to remove a student from the HashMap
    public void removeStudent(String name) {
        if (studentGrades.containsKey(name)) {
            studentGrades.remove(name);
            System.out.println("Removed " + name + " from the records.");
        } else {
            System.out.println("Student " + name + " does not exist.");
        }
    }

    // Method to print all students and their grades
    public void printAllStudents() {
        System.out.println("All students and their grades:");
        for (Map.Entry<String, Integer> entry : studentGrades.entrySet()) {
            System.out.println(entry.getKey() + ": " + entry.getValue());
        }
    }

    // Main method to demonstrate the functionality
    public static void main(String[] args) {
        StudentGrades studentGrades = new StudentGrades();

        // Adding students and their grades
        studentGrades.addStudent("Alice", 85);
        studentGrades.addStudent("Bob", 78);
        studentGrades.addStudent("Charlie", 92);

        // Retrieving a grade
        System.out.println("Grade of Alice: " + studentGrades.getGrade("Alice"));

        // Updating a grade
        studentGrades.updateGrade("Bob", 82);

        // Removing a student
        studentGrades.removeStudent("Charlie");

        // Printing all students and their grades
        studentGrades.printAllStudents();
    }
}
```

Explicación:

1. **HashMap**:

   o El HashMap se utiliza para almacenar los nombres de los alumnos (como claves) y sus calificaciones (como valores).

2. **Métodos**:

   o addStudent(String nombre, int nota): Añade el nombre de un alumno y su nota al HashMap.

   o getGrade(Cadena nombre): Recupera la calificación del alumno con el nombre especificado.

   o updateGrade(String nombre, int nuevaCalificación): Actualiza la calificación del alumno especificado.

   o removeStudent(String name): Elimina al alumno especificado del HashMap.

   o printAllStudents(): Imprime todos los estudiantes y sus calificaciones.

3. **Método principal**:

   o Demuestra la funcionalidad añadiendo estudiantes, recuperando una calificación, actualizando una calificación, eliminando un estudiante e imprimiendo todos los estudiantes y sus calificaciones.

Salida:

Cuando ejecutes el programa, la salida será:

```
Added Alice with grade 85

Added Bob with grade 78

Added Charlie with grade 92

Grade of Alice: 85

Updated Bob's grade to 82

Removed Charlie from the records.

All students and their grades:

Alice: 85

Bob: 82
```

Este programa proporciona una clara demostración de cómo utilizar un HashMap para gestionar una colección de estudiantes y sus calificaciones en Java.

Ejemplo 2

Implementa la interfaz Map. Utiliza
una tabla hash para el
almacenamiento. Permite claves y
valores nulos.

```java
import java.util.HashMap;
import java.util.Map;

public class Main {
    public static void main(String[] args) {
        Map<String, Integer> map = new HashMap<>();
        map.put("Apple", 1);
        map.put("Banana", 2);

        System.out.println(map.get("Apple"));  // Outputs: 1
    }
}
```

2. Mapa del árbol:

Visión general:

- **TreeMap** es una estructura de datos que implementa la interfaz NavigableMap y almacena pares clave-valor.

- Utiliza un **árbol Rojo-Negro** para mantener el orden de las claves.

- Los elementos se ordenan según su orden natural o mediante un comparador personalizado proporcionado en el momento de crear el mapa.

Características clave:

- **Orden**: TreeMap mantiene los elementos en orden ascendente de las claves.

- **Valores nulos**: No permite claves nulas (lanza NullPointerException) pero permite múltiples valores nulos.

- **Rendimiento**: Operaciones como get(), put(), remove() tienen una complejidad de tiempo de O(log n) debido a la estructura de árbol.

Métodos comunes:

- put(K clave, V valor): Asocia el valor especificado con la clave especificada.

- get(Clave objeto): Devuelve el valor asociado a la clave especificada.

- remove(Clave de objeto): Elimina la asignación de una clave.

- firstKey(): Devuelve la primera clave (la más baja).

- últimaClave(): Devuelve la última clave (la más alta).

- subMapa(K deClave, K aClave): Devuelve una vista de la porción de este mapa cuyas claves van de fromKey a toKey.

```java
import java.util.Map;
import java.util.TreeMap;

public class TreeMapExample {
    public static void main(String[] args) {
        Map<String, Integer> treeMap = new TreeMap<>();

        // Adding key-value pairs to the TreeMap
        treeMap.put("Apple", 10);
        treeMap.put("Banana", 20);
        treeMap.put("Orange", 30);

        // Accessing a value by key
        System.out.println("Price of Apple: " + treeMap.get("Apple"));

        // Iterating over the TreeMap
        System.out.println("TreeMap entries (sorted):");
        for (Map.Entry<String, Integer> entry : treeMap.entrySet()) {
            System.out.println(entry.getKey() + " -> " + entry.getValue());
        }

        // Removing a key-value pair
        treeMap.remove("Banana");

        // Checking the first and last key
        System.out.println("First key: " + treeMap.firstKey());
        System.out.println("Last key: " + treeMap.lastKey());
    }
}
```

Salida:

```
Price of Apple: 10
TreeMap entries (sorted):
Apple -> 10
Banana -> 20
Orange -> 30
First key: Apple
Last key: Orange
```

Visión general:

- **Propósito**: TreeMap es una implementación de Map que mantiene un orden de claves.

- **Ordenación**: Ordenación natural (según la implementación de Comparable de las claves) o un Comparador personalizado.

- **Nulos**: TreeMap no permite claves nulas pero permite múltiples valores nulos.

- **Rendimiento**: Proporciona una complejidad de tiempo O(log n) para las operaciones básicas.

Trabajo interno:

- TreeMap utiliza un árbol rojo-negro, un árbol de búsqueda binaria autoequilibrado, para mantener el orden de las claves.

- Esto garantiza que las entradas se ordenen siempre según el orden natural de las claves o el orden especificado por un Comparador.

Ejemplo

- Implementa la interfaz Map.

- Utiliza un árbol rojo-negro como almacén.

- No permite claves nulas.

Ejemplo 1

```java
import java.util.Map;

import java.util.TreeMap;


public class Main {

    public static void main(String[] args) {

        Map<String, Integer> map = new TreeMap<>();

        map.put("Apple", 1);

        map.put("Banana", 2);


        System.out.println(map.get("Apple"));  // Outputs: 1

    }

}
```

Ejemplo 2

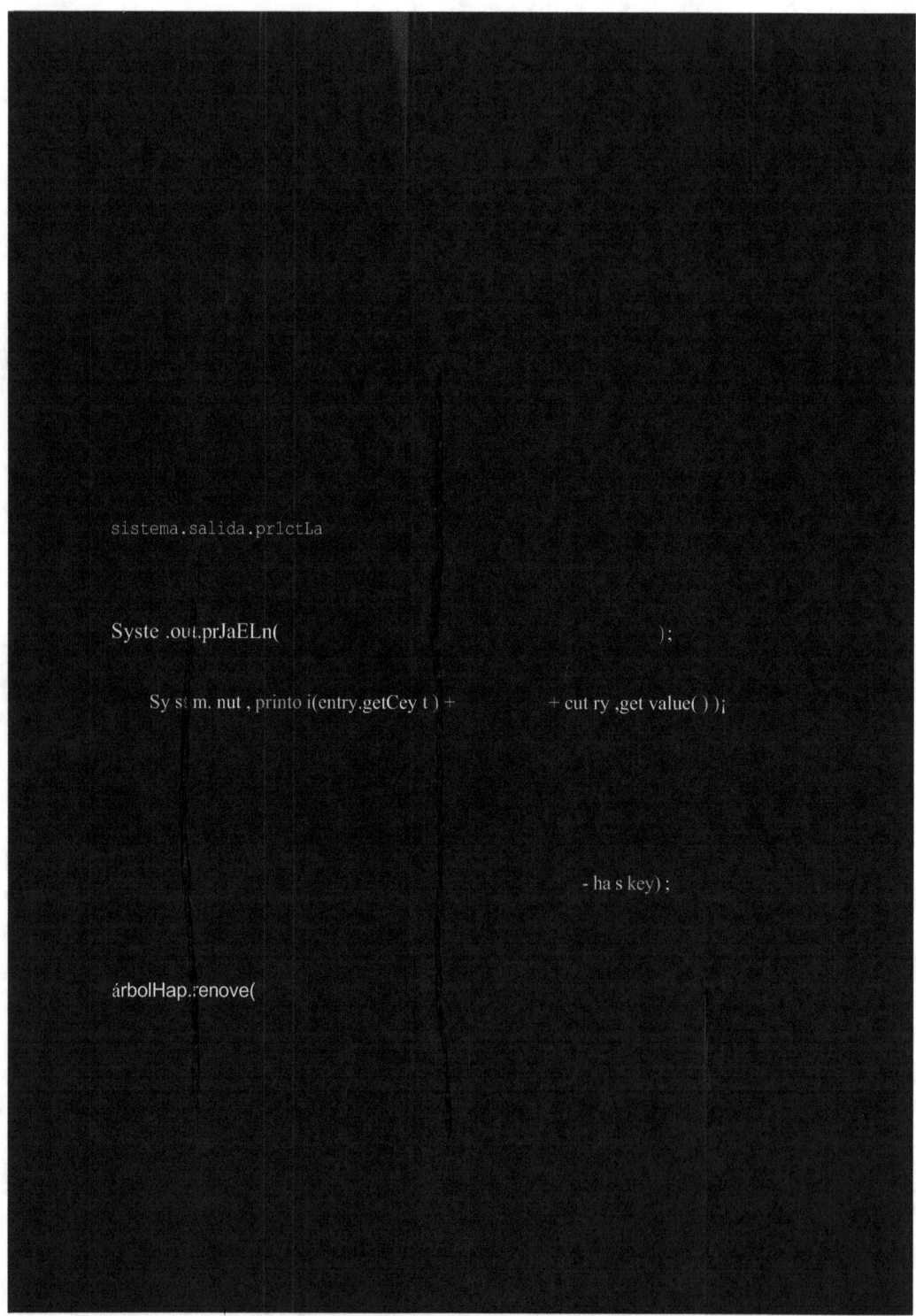

```
sistema.salida.prlctLa


Syste .out.prJaELn(                                    );

    Sy st m. nut , printo i(entry.getCey t ) +          + cut ry ,get value( ) )¡




                                                   - ha s key) ;



árbolHap.renove(
```

217

Salida

```
Bob's age: 25
All key-value pairs in the TreeMap:
Alice: 30
Bob: 25
Charlie: 35
David: 40
TreeMap contains 'Alice': true
TreeMap after removing 'David': {Alice=30, Bob=25, Charlie=35}
```

- Tarea: Crear un TreeMap que almacene nombres de productos y sus precios. Escriba métodos para:

    1. Añade un producto y su precio.

    2. Recuperar el precio de un producto.

    3. Actualizar el precio de un producto.

    4. Eliminar un producto del TreeMap.

    5. Imprime todos los productos y sus precios en orden ascendente de nombres de producto.

Solución

La solución incluye métodos para añadir un producto y su precio, recuperar el precio de un producto, actualizar el precio de un producto, eliminar un producto e imprimir todos los productos y sus precios en orden ascendente de nombres de producto.

```java
import java.util.Map;
import java.util.TreeMap;

public class ProductCatalog {

    // TreeMap to store product names as keys and their prices as values
    private Map<String, Double> productPrices;

    // Constructor to initialize the TreeMap
    public ProductCatalog() {
        productPrices = new TreeMap<>();
    }

    // Method to add a product and its price
    public void addProduct(String productName, double price) {
        productPrices.put(productName, price);
        System.out.println("Added " + productName + " with price $" + price);
    }

    // Method to retrieve the price of a product by its name
    public Double getPrice(String productName) {
        return productPrices.get(productName);
    }

    // Method to update a product's price
    public void updatePrice(String productName, double newPrice) {
        if (productPrices.containsKey(productName)) {
            productPrices.put(productName, newPrice);
            System.out.println("Updated " + productName + "'s price to $" + newPrice);
        } else {
            System.out.println("Product " + productName + " does not exist.");
        }
    }

    // Method to remove a product from the TreeMap
    public void removeProduct(String productName) {
        if (productPrices.containsKey(productName)) {
            productPrices.remove(productName);
            System.out.println("Removed " + productName + " from the catalog.");
        } else {
            System.out.println("Product " + productName + " does not exist.");
        }
    }

    // Method to print all products and their prices in ascending order of product names
    public void printAllProducts() {
        System.out.println("All products and their prices in ascending order:");
        for (Map.Entry<String, Double> entry : productPrices.entrySet()) {
            System.out.println(entry.getKey() + ": $" + entry.getValue());
        }
    }

    // Main method to demonstrate the functionality
    public static void main(String[] args) {
        ProductCatalog catalog = new ProductCatalog();

        // Adding products and their prices
        catalog.addProduct("Laptop", 1200.00);
        catalog.addProduct("Smartphone", 800.00);
        catalog.addProduct("Tablet", 400.00);
        catalog.addProduct("Monitor", 250.00);

        // Retrieving the price of a product
        System.out.println("Price of Laptop: $" + catalog.getPrice("Laptop"));

        // Updating a product's price
        catalog.updatePrice("Smartphone", 850.00);

        // Removing a product
        catalog.removeProduct("Tablet");

        // Printing all products and their prices in ascending order
        catalog.printAllProducts();
    }
}
```

Explicación:

1. **productPrices TreeMap:**

   o El TreeMap se utiliza para almacenar los nombres de los productos (como claves) y sus precios (como valores). El TreeMap garantiza que los productos se almacenan en orden ascendente de sus nombres.

2. **Métodos:**

   o addProduct(Cadena productName, doble precio): Añade un producto y su precio al TreeMap.

   o getPrice(Cadena productNombre): Recupera el precio del producto con el nombre especificado.

   o updatePrice(String productName, double newPrice): Actualiza el precio del producto especificado.

   o removeProduct(Cadena productName): Elimina el producto especificado del TreeMap.

   o printAllProducts(): Imprime todos los productos y sus precios en orden ascendente de nombres de producto.

3. **Método principal:**

   o Demuestra la funcionalidad añadiendo productos, recuperando el precio de un producto, actualizando el precio de un producto, eliminando un producto e imprimiendo todos los productos y sus precios en orden ascendente.

Salida:

Cuando ejecutes el programa, la salida será:

```
Added Laptop with price $1200.0

Added Smartphone with price $800.0

Added Tablet with price $400.0

Added Monitor with price $250.0

Price of Laptop: $1200.0

Updated Smartphone's price to $850.0

Removed Tablet from the catalog.

All products and their prices in ascending order:

Laptop: $1200.0

Monitor: $250.0

Smartphone: $850.0
```

Este programa proporciona una clara demostración de cómo utilizar un TreeMap para gestionar una colección de productos y sus precios en Java, asegurando que los productos se mantienen en orden ascendente de sus nombres.

HashSet:
Visión general:

- **HashSet** es una estructura de datos que implementa la interfaz Set y almacena elementos únicos.

- Está respaldado por un HashMap (los elementos se almacenan como claves en el HashMap subyacente).

- **Orden**: No garantiza ningún orden específico de los elementos.

Características clave:

- **Duplicados**: No permite elementos duplicados.

- **Valores nulos**: Permite un único elemento nulo.

- **Rendimiento**: La complejidad temporal media de operaciones como add(), remove(), contains() es O(1).

Métodos comunes:

- add(E e): Añade el elemento especificado a este conjunto si no está ya presente.

- remove(Objeto o): Elimina el elemento especificado de este conjunto si está presente.

- contiene(Objeto o): Devuelve true si este conjunto contiene el elemento especificado.

- tamaño(): Devuelve el número de elementos del conjunto.

- isEmpty(): Devuelve true si este conjunto no contiene elementos.

```java
import java.util.HashSet;
import java.util.Set;

public class HashSetExample {
    public static void main(String[] args) {
        Set<String> hashSet = new HashSet<>();

        // Adding elements to the HashSet
        hashSet.add("Dog");
        hashSet.add("Cat");
        hashSet.add("Elephant");
        hashSet.add("Dog"); // Duplicate element

        // Checking if an element exists
        System.out.println("HashSet contains 'Cat': " + hashSet.contains("Cat"));

        // Iterating over the HashSet
        System.out.println("HashSet elements:");
        for (String animal : hashSet) {
            System.out.println(animal);
        }

        // Removing an element
        hashSet.remove("Cat");

        // Checking the size of the HashSet
        System.out.println("HashSet size after removal: " + hashSet.size());
    }
}
```

Salida:

```
HashSet contains 'Cat': true
HashSet elements:
Dog
Elephant
Cat
HashSet size after removal: 2
```

Visión general:

- **Propósito**: HashSet es una implementación de Set que almacena elementos únicos de forma desordenada.

- **Ordenación**: No mantiene ningún orden.

- **Nulos**: Permite un único elemento nulo.

- **Rendimiento**: Proporciona una complejidad temporal $O(1)$ para las operaciones básicas.

Trabajo interno:

- HashSet utiliza internamente un HashMap, donde los elementos del conjunto se almacenan como claves en el HashMap, y los valores asociados son un objeto constante.

Ejemplo:

```java
import java.util.HashSet;
import java.util.Set;

public class HashSetExample {
    public static void main(String[] args) {
        Set<String> hashSet = new HashSet<>();

        // Adding elements to the HashSet
        hashSet.add("Apple");
        hashSet.add("Banana");
        hashSet.add("Cherry");
        hashSet.add("Apple");  // Duplicate, will not be added

        // Iterating over the HashSet (Note: The output order is not guaranteed)
        System.out.println("All elements in the HashSet:");
        for (String fruit : hashSet) {
            System.out.println(fruit);
        }

        // Checking if an element exists in the set
        boolean containsBanana = hashSet.contains("Banana");
        System.out.println("HashSet contains 'Banana': " + containsBanana);

        // Removing an element
        hashSet.remove("Cherry");

        // Printing the HashSet after removal
        System.out.println("HashSet after removing 'Cherry': " + hashSet);
    }
}
```

Salida:

```
All elements in the HashSet:
Apple
Banana
Cherry
HashSet contains 'Banana': true
HashSet after removing 'Cherry': [Apple, Banana]
```

- Implementa la interfaz Set.
- Utiliza una tabla hash para el almacenamiento.
- No permite elementos duplicados.

Por ejemplo:

```java
import java.util.HashSet;
import java.util.Set;

public class Main {
    public static void main(String[] args) {
        Set<String> set = new HashSet<>();
        set.add("Apple");
        set.add("Banana");
        set.add("Apple");  // Duplicate, will not be added

        System.out.println(set);  // Outputs: [Banana, Apple]
    }
}
```

- **Tarea**: Crear un HashSet para almacenar ciudades únicas visitadas por un usuario. Escribe métodos para:

  1. Añade una ciudad.

  2. Compruebe si una ciudad ha sido visitada.

  3. Eliminar una ciudad del conjunto.

  4. Imprime todas las ciudades visitadas.

Solución para el ejercicio práctico que implica trabajar con un HashSet para almacenar ciudades únicas visitadas por un usuario. La solución incluye métodos para añadir una ciudad, comprobar si una ciudad ha sido visitada, eliminar una ciudad del conjunto e imprimir todas las ciudades visitadas.

```java
import java.util.HashSet;
import java.util.Set;

public class CityVisits {

    // HashSet to store unique cities visited by the user
    private Set<String> visitedCities;

    // Constructor to initialize the HashSet
    public CityVisits() {
        visitedCities = new HashSet<>();
    }

    // Method to add a city to the set
    public void addCity(String city) {
        if (visitedCities.add(city)) {
            System.out.println(city + " added to visited cities.");
        } else {
            System.out.println(city + " has already been visited.");
        }
    }

    // Method to check if a city has been visited
    public boolean hasVisited(String city) {
        return visitedCities.contains(city);
    }

    // Method to remove a city from the set
    public void removeCity(String city) {
        if (visitedCities.remove(city)) {
            System.out.println(city + " removed from visited cities.");
        } else {
            System.out.println(city + " was not found in the visited cities.");
        }
    }

    // Method to print all visited cities
    public void printAllCities() {
        System.out.println("Visited cities:");
        for (String city : visitedCities) {
            System.out.println(city);
        }
    }

    // Main method to demonstrate the functionality
    public static void main(String[] args) {
        CityVisits cityVisits = new CityVisits();

        // Adding cities
        cityVisits.addCity("New York");
        cityVisits.addCity("Los Angeles");
        cityVisits.addCity("Chicago");
        cityVisits.addCity("New York"); // Duplicate city

        // Checking if a city has been visited
        System.out.println("Has visited Chicago? " + cityVisits.hasVisited("Chicago"));
        System.out.println("Has visited Miami? " + cityVisits.hasVisited("Miami"));

        // Removing a city
        cityVisits.removeCity("Los Angeles");
        cityVisits.removeCity("Miami"); // City not in the set

        // Printing all visited cities
        cityVisits.printAllCities();
    }
}
```

Explicación:

1. **ciudades visitadas HashSet**:

   o El HashSet se utiliza para almacenar los nombres de las ciudades visitadas por el usuario. Dado que HashSet sólo permite elementos únicos, evita automáticamente las ciudades duplicadas.

2. **Métodos**:

   o addCity(String ciudad): Añade una ciudad al HashSet. Si la ciudad ya está en el conjunto, no se añadirá de nuevo, y un mensaje indicará que la ciudad ya ha sido visitada.

   o hasVisited(String ciudad): Comprueba si una ciudad está en el HashSet, devolviendo true en caso afirmativo y false en caso contrario.

   o removeCity(String ciudad): Elimina una ciudad del HashSet. Si no se encuentra la ciudad, indicará que no se encontró la ciudad.

   o printAllCities(): Imprime todas las ciudades que se han añadido al HashSet.

3. **Método principal**:

   o Demuestra la funcionalidad añadiendo ciudades, comprobando si una ciudad ha sido visitada, eliminando una ciudad e imprimiendo todas las ciudades visitadas.

Salida:

Cuando ejecutes el programa, la salida será:

```
New York added to visited cities.

Los Angeles added to visited cities.

Chicago added to visited cities.

New York has already been visited.

Has visited Chicago? true

Has visited Miami? false

Los Angeles removed from visited cities.

Miami was not found in the visited cities.

Visited cities:

New York

Chicago
```

Este programa muestra cómo utilizar un HashSet para gestionar una colección de ciudades únicas, asegurando que no se almacenan duplicados y proporcionando operaciones básicas como añadir, comprobar, eliminar y listar las ciudades.

TreeSet:

Visión general:

- **TreeSet** es una estructura de datos que implementa la interfaz NavigableSet y almacena elementos únicos.

- Está respaldado por un TreeMap, lo que significa que los elementos se almacenan en un árbol Rojo-Negro.

- **Orden**: Mantiene los elementos en orden ascendente.

Características clave:

- **Duplicados**: No permite elementos duplicados.

- **Valores nulos**: No permite elementos nulos.

- **Rendimiento**: Operaciones como add(), remove(), contains() tienen una complejidad temporal de O(log n).

Métodos comunes:

- add(E e): Añade el elemento especificado a este conjunto si no está ya presente.

- remove(Objeto o): Elimina el elemento especificado de este conjunto si está presente.

- contiene(Objeto o): Devuelve true si este conjunto contiene el elemento especificado.

- primero(): Devuelve el primer elemento (el más bajo).

- último(): Devuelve el último elemento (el más alto).

- subConjunto(E desdeElemento, E hastaElemento): Devuelve una vista de la parte de este conjunto cuyos elementos van desdeElemento hastaElemento.

Ejemplo de utilización de Treeset

```java
import java.util.Set;
import java.util.TreeSet;


public class TreeSetExample {
    public static void main(String[] args) {
        Set<String> treeSet = new TreeSet<>();


        // Adding elements to the TreeSet
        treeSet.add("Dog");
        treeSet.add("Cat");
        treeSet.add("Elephant");


        // Checking if an element exists
        System.out.println("TreeSet contains 'Cat': " + treeSet.contains("Cat"));


        // Iterating over the TreeSet
        System.out.println("TreeSet elements (sorted):");
        for (String animal : treeSet) {
            System.out.println(animal);
        }


        // Removing an element
        treeSet.remove("Cat");

        // Checking the first and last element
        System.out.println("First element: " + treeSet.first());
        System.out.println("Last element: " + treeSet.last());
    }
}
```

233

Salida:

```
TreeSet contains 'Cat': true
TreeSet elements (sorted):
Cat
Dog
Elephant
First element: Dog
Last element: Elephant
```

Diferencias clave:

- **Orden**:
  - HashMap y HashSet no garantizan el orden.
  - TreeMap y TreeSet mantienen los elementos ordenados.

- **Rendimiento**:
  - HashMap y HashSet ofrecen una complejidad temporal media de O(1) para las operaciones básicas.
  - TreeMap y TreeSet proporcionan una complejidad temporal O(log n) para las operaciones.

- **Manipulación nula**:
  - HashMap: Permite una clave nula y múltiples valores nulos.
  - TreeMap: No permite claves nulas.

o   HashSet: Permite un elemento nulo.

o   TreeSet: No permite elementos nulos.

Conclusión:

La elección entre estas estructuras de datos depende de los requisitos de su aplicación. Utilice HashMap o HashSet cuando necesite un acceso rápido a los elementos sin preocuparse por el orden. Opte por TreeMap o TreeSet cuando necesite que los elementos estén ordenados. Comprender estas diferencias es crucial para optimizar el rendimiento y la funcionalidad de las aplicaciones Java.

Visión general:

- **Propósito**: TreeSet es una implementación de Set que almacena elementos únicos de forma ordenada.

- **Ordenación**: Mantiene un orden natural o un orden personalizado especificado por un Comparador.

- **Nulos**: No permite elementos nulos.

- **Rendimiento**: Proporciona una complejidad de tiempo O(log n) para las operaciones básicas.

Trabajo interno:

- TreeSet utiliza internamente un TreeMap para almacenar sus elementos. Los elementos se almacenan como claves en el TreeMap, lo que garantiza su ordenación.

Ejemplo:

```java
import java.util.Set;
import java.util.TreeSet;

public class TreeSetExample {
    public static void main(String[] args) {
        Set<String> treeSet = new TreeSet<>();

        // Adding elements to the TreeSet
        treeSet.add("Apple");
        treeSet.add("Banana");
        treeSet.add("Cherry");
        treeSet.add("Apple");   // Duplicate, will not be added

        // Iterating over the TreeSet (Note: The output is sorted)
        System.out.println("All elements in the TreeSet:");
        for (String fruit : treeSet) {
            System.out.println(fruit);
        }

        // Checking if an element exists in the set
        boolean containsCherry = treeSet.contains("Cherry");
        System.out.println("TreeSet contains 'Cherry': " + containsCherry);

        // Removing an element
        treeSet.remove("Banana");

        // Printing the Tree
```

- Implementa la interfaz Set.
- Utiliza un árbol rojo-negro como almacén.
- No permite elementos duplicados y mantiene el orden.

Ejemplo:

```java
import java.util.Set;
import java.util.TreeSet;

public class Main {
    public static void main(String[] args) {
        Set<String> set = new TreeSet<>();
        set.add("Banana");
        set.add("Apple");
        set.add("Orange");

        System.out.println(set);  // Outputs: [Apple, Banana, Orange]
    }
}
```

Solución para el ejercicio de práctica que implica trabajar con un HashMap para almacenar los nombres de los estudiantes y sus calificaciones. La solución incluye métodos para añadir un alumno y su calificación, recuperar una calificación por el nombre del alumno, actualizar la calificación de un alumno, eliminar un alumno e imprimir todos los alumnos y sus calificaciones.

```java
import java.util.Map;

public class StudentGrades {

    // HashMap to store student names as keys and their grades as values
    private Map<String, Integer> studentGrades;

    // Constructor to initialize the HashMap
    public StudentGrades() {
        studentGrades = new HashMap<>();
    }

    // Method to add a student and their grade
    public void addStudent(String name, int grade) {
        studentGrades.put(name, grade);
        System.out.println("Added " + name + " with grade " + grade);
    }

    // Method to retrieve a student's grade by their name
    public Integer getGrade(String name) {
        return studentGrades.get(name);
    }

    // Method to update a student's grade
    public void updateGrade(String name, int newGrade) {
        if (studentGrades.containsKey(name)) {
            studentGrades.put(name, newGrade);
            System.out.println("Updated " + name + "'s grade to " + newGrade);
        } else {
            System.out.println("Student " + name + " does not exist.");
        }
    }

    // Method to remove a student from the HashMap
    public void removeStudent(String name) {
        if (studentGrades.containsKey(name)) {
            studentGrades.remove(name);
            System.out.println("Removed " + name + " from the records.");
        } else {
            System.out.println("Student " + name + " does not exist.");
        }
    }

    // Method to print all students and their grades
    public void printAllStudents() {
        System.out.println("All students and their grades:");
        for (Map.Entry<String, Integer> entry : studentGrades.entrySet()) {
            System.out.println(entry.getKey() + ": " + entry.getValue());
        }
    }

    // Main method to demonstrate the functionality
    public static void main(String[] args) {
        StudentGrades studentGrades = new StudentGrades();

        // Adding students and their grades
        studentGrades.addStudent("Alice", 85);
        studentGrades.addStudent("Bob", 70);
        studentGrades.addStudent("Charlie", 92);

        // Retrieving a grade
        System.out.println("Grade of Alice: " + studentGrades.getGrade("Alice"));

        // Updating a grade
        studentGrades.updateGrade("Bob", 82);

        // Removing a student
        studentGrades.removeStudent("Charlie");

        // Printing all students and their grades
        studentGrades.printAllStudents();
    }
}
```

Explicación:

1. **HashMap**:

   o El HashMap se utiliza para almacenar los nombres de los alumnos (como claves) y sus calificaciones (como valores).

2. **Métodos**:

   o addStudent(String nombre, int nota): Añade el nombre de un alumno y su nota al HashMap.

   o getGrade(Cadena nombre): Recupera la calificación del alumno con el nombre especificado.

   o updateGrade(String nombre, int nuevaCalificación): Actualiza la calificación del alumno especificado.

   o removeStudent(String name): Elimina al alumno especificado del HashMap.

   o printAllStudents(): Imprime todos los estudiantes y sus calificaciones.

3. **Método principal**:

   o Demuestra la funcionalidad añadiendo estudiantes, recuperando una calificación, actualizando una calificación, eliminando un estudiante e imprimiendo todos los estudiantes y sus calificaciones.

Salida:

Cuando ejecutes el programa, la salida será:

```
Added Alice with grade 85
Added Bob with grade 78
Added Charlie with grade 92
Grade of Alice: 85
Updated Bob's grade to 82
Removed Charlie from the records.
All students and their grades:
Alice: 85
Bob: 82
```

Capítulo XI

Iteradores y bucle For mejorado en JavaIteradores

En Java, Iterator y el bucle for mejorado (también conocido como bucle "for-each") son herramientas que permiten a los desarrolladores recorrer o iterar sobre colecciones como List, Set, Map y arrays. Comprender cómo utilizarlas eficazmente es clave para gestionar colecciones en Java.

1. Visión

general de

los

iteradores:

- Un iterador es una interfaz de Java que permite recorrer los elementos de una colección de uno en uno.

- Iterator es un cursor universal para el marco Collection.

- Es especialmente útil cuando se necesita eliminar elementos de una colección mientras se itera sobre ella.

Métodos clave en la interfaz Iterator:

- **tieneSiguiente()**: Devuelve true si hay más elementos sobre los que iterar en la colección.

- **next()**: Devuelve el siguiente elemento en la iteración.

- **eliminar()**: Elimina de la colección el último elemento devuelto por el método next().

Ejemplo de uso de un iterador con una lista

```java
import java.util.ArrayList;
import java.util.Iterator;
import java.util.List;

public class IteratorExample {
    public static void main(String[] args) {
        List<String> names = new ArrayList<>();
        names.add("Alice");
        names.add("Bob");
        names.add("Charlie");

        Iterator<String> iterator = names.iterator();

        while (iterator.hasNext()) {
            String name = iterator.next();
            System.out.println(name);

            // Removing an element
            if (name.equals("Bob")) {
                iterator.remove();
            }
        }

        System.out.println("List after removal: " + names);
    }
}
```

Salida:

```
Alice
Bob
Charlie
List after removal: [Alice, Charlie]
```

Ventajas del uso del iterador:

- **Eliminación durante la iteración**: Iterator permite la eliminación segura de elementos mientras se itera, lo que no es posible con el bucle for mejorado.

- **Cursor Universal**: Iterator funciona con la mayoría de las clases de colección (List, Set, Map, etc.).

Desventajas del uso del iterador:

- **Verbosidad**: Se requiere más código en comparación con el bucle for mejorado.

- **Recorrido unidireccional**: El iterador sólo puede avanzar en la colección. Si se necesita desplazarse hacia atrás, se debe utilizar un ListIterator.

- Se utiliza para recorrer colecciones.

Por ejemplo:

```java
import java.util.ArrayList;
import java.util.Iterator;
import java.util.List;

public class Main {
    public static void main(String[] args) {
        List<String> list = new ArrayList<>();
        list.add("Apple");
        list.add("Banana");

        Iterator<String> iterator = list.iterator();
        while (iterator.hasNext()) {
            System.out.println(iterator.next());
        }
    }
}
```

Visión general del bucle For mejorado

(bucle For-Each):

- El bucle for mejorado es un bucle simplificado para iterar sobre matrices y colecciones.

- Se introduce en Java 5 como una forma más legible y menos propensa a errores de iterar sobre los elementos de una colección.

Sintaxis:

```
for (Type element : collection) {
    // Use element
}
```

Tipo: El tipo de datos de los elementos de la colección o matriz. **elemento**: La variable que contiene el elemento actual en la iteración. **colección**: La colección o matriz sobre la que se está iterando.

For-Loop mejorado:

- Simplifica la iteración sobre colecciones y matrices.

Por ejemplo:

```
public class Main {
    public static void main(String[] args) {
        int[] numbers = {1, 2, 3, 4, 5};
        for (int number : numbers) {
            System.out.println(number);
        }
    }
}
```

Ejemplo: Uso del bucle For mejorado con una matriz

```java
public class EnhancedForLoopExample {
    public static void main(String[] args) {
        int[] numbers = {1, 2, 3, 4, 5};

        // Using enhanced for-loop to iterate over the array
        for (int number : numbers) {
            System.out.println(number);
        }
    }
}
```

Salida:

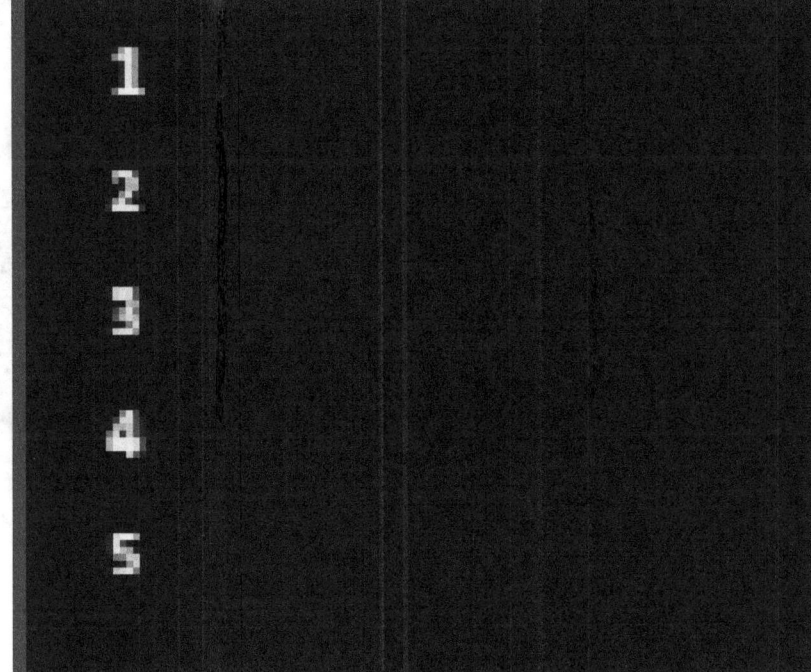

Ejemplo: Uso del bucle For mejorado con una lista

```java
import java.util.ArrayList;
import java.util.List;

public class EnhancedForLoopListExample {
    public static void main(String[] args) {
        List<String> fruits = new ArrayList<>();
        fruits.add("Apple");
        fruits.add("Banana");
        fruits.add("Cherry");

        // Using enhanced for-loop to iterate over the list
        for (String fruit : fruits) {
            System.out.println(fruit);
        }
    }
}
```

Salida:

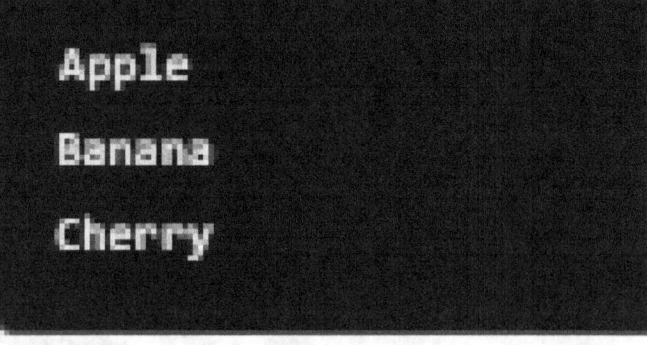

```
Apple
Banana
Cherry
```

Ventajas de utilizar el bucle For mejorado:

- **Simplicidad**: Menos código que escribir y más legible.

- **Menos propenso a errores**: No hay necesidad de gestionar el contador de bucle o manejar IndexOutOfBoundsException.

Desventajas del uso del bucle For mejorado:

- **No hay acceso al índice**: No se puede obtener el índice del elemento actual durante la iteración.

- **Sin modificación**: No se puede modificar la colección (por ejemplo, eliminar elementos) durante la iteración. Si lo hace, se producirá una ConcurrentModificationException.

3. Iteradores frente a bucles For-Loop mejorados:

Utilice Iterator cuando:

- Es necesario eliminar elementos de una colección mientras se itera.

- Quieres recorrer un Mapa. Mientras que el bucle for mejorado se puede utilizar para iterar sobre el conjunto de entradas de Map, Iterator proporciona más control.

Utilice el bucle For mejorado cuando:

- Simplemente está leyendo los elementos de una colección y no necesita modificar la colección.

- Desea una forma concisa y legible de iterar sobre matrices o colecciones.

Ejemplo: Eliminación de elementos con un iterador frente a un bucle For mejorado

Uso del iterador para eliminar elementos

```java
import java.util.ArrayList;
import java.util.Iterator;
import java.util.List;

public class RemoveElementsIterator {
    public static void main(String[] args) {
        List<String> names = new ArrayList<>();
        names.add("Alice");
        names.add("Bob");
        names.add("Charlie");

        Iterator<String> iterator = names.iterator();

        while (iterator.hasNext()) {
            String name = iterator.next();
            if (name.startsWith("C")) {
                iterator.remove();
            }
        }

        System.out.println("List after removal: " + names);
    }
}
```

Salida

```
List after removal: [Alice, Bob]
```

Uso del bucle For mejorado para leer elementos

```java
import java.util.ArrayList;
import java.util.List;

public class EnhancedForLoopReading {
    public static void main(String[] args) {
        List<String> names = new ArrayList<>();
        names.add("Alice");
        names.add("Bob");
        names.add("Charlie");

        for (String name : names) {
            System.out.println(name);
        }
    }
}
```

Salida

Conclusión:

- El bucle for mejorado es mejor para iteraciones sencillas en las que sólo se necesita leer y procesar elementos sin modificar la colección.

- Iterator proporciona más control y es necesario cuando se necesita eliminar elementos durante la iteración. Comprender ambas herramientas le permitirá elegir la más adecuada para sus necesidades específicas.

Capítulo 12: Genéricos

Genéricos en Java

Los genéricos en Java permiten escribir código flexible, reutilizable y seguro. Introducidos en Java 5, los genéricos permiten a las clases, interfaces y métodos operar sobre tipos especificados por el programador, mejorando la expresividad y robustez del lenguaje.

1. ¿Qué son los genéricos?

Los genéricos proporcionan una forma de parametrizar tipos, permitiéndole crear clases, interfaces y métodos que pueden operar en cualquier tipo de datos especificado. Esto elimina la necesidad de escribir múltiples versiones del mismo código para diferentes tipos de datos, promoviendo así la reutilización del código y la seguridad de tipos.

Permitir que los tipos (clases e interfaces) sean parámetros al definir clases, interfaces y métodos.

Por ejemplo:

```java
import java.util.ArrayList;
import java.util.List;

public class Main {
    public static void main(String[] args) {
        List<String> list = new ArrayList<>();
        list.add("Apple");
        list.add("Banana");

        for (String fruit : list) {
            System.out.println(fruit);
        }
    }
}
```

Ejemplo sin genéricos:

```java
import java.util.ArrayList;

public class WithoutGenerics {
    public static void main(String[] args) {
        ArrayList list = new ArrayList();
        list.add("Hello");
        list.add(10); // Adding an integer

        for (Object obj : list) {
            String str = (String) obj; // Causes ClassCastException at runtime
            System.out.println(str);
        }
    }
}
```

En este ejemplo, list es un ArrayList que puede almacenar cualquier tipo de objeto. Si accidentalmente añades un Integer a esta lista y más tarde intentas convertirlo en un String, obtendrás una ClassCastException en tiempo de ejecución.

Ejemplo con genéricos:

```java
import java.util.ArrayList;

public class WithGenerics {
    public static void main(String[] args) {
        ArrayList<String> list = new ArrayList<>();
        list.add("Hello");
        // list.add(10); // Compile-time error

        for (String str : list) {
            System.out.println(str); // No need for type casting
        }
    }
}
```

Aquí, ArrayList<String> especifica que la lista sólo puede contener objetos String. Cualquier intento de añadir un tipo incompatible provocará un error en tiempo de compilación, evitando posibles excepciones en tiempo de ejecución.

Ventajas de los genéricos

- **Seguridad de tipos**: Garantiza que sólo un tipo específico de datos se añade a una colección o se utiliza en un método.

- **Eliminación de lanzamientos**: No es necesario lanzar objetos cuando se recuperan de una colección.

- **Reutilización del código**: Escriba algoritmos generales que funcionen en varios tipos sin duplicación de código.

3. Clases genéricas

Una clase genérica se define con un parámetro de tipo. Este parámetro de tipo puede utilizarse como marcador de posición para cualquier tipo de datos.

Sintaxis

```
class ClassName<T> {
    // Class body
}
```

T es un parámetro de tipo que puede sustituirse por cualquier tipo de clase o interfaz.

Ejemplo: Clase genérica Box

```java
class Box<T> {
    private T value;

    public void setValue(T value) {
        this.value = value;
    }

    public T getValue() {
        return value;
    }

    public static void main(String[] args) {
        Box<Integer> intBox = new Box<>();
        intBox.setValue(123);
        System.out.println("Integer Value: " + intBox.getValue());

        Box<String> strBox = new Box<>();
        strBox.setValue("Hello");
        System.out.println("String Value: " + strBox.getValue());
    }
}
```

Salida:

```
Integer Value: 123
String Value: Hello
```

En este ejemplo, Box<T> es una clase genérica que puede contener cualquier tipo T, que se especifica al crear una instancia de Box.

4. Métodos genéricos

Un método genérico es un método que puede operar sobre objetos de varios tipos mientras esté declarado en una clase genérica o no genérica.

```
public <T> void methodName(T param) {
    // Method body
}
```

<T>: Denota el parámetro de tipo. Puede tener cualquier nombre, pero normalmente utiliza letras sencillas como T, E, K o V.

Ejemplo: Método genérico para intercambiar dos elementos

```java
public class GenericMethodExample {

    public static <T> void swap(T[] array, int i, int j) {
        T temp = array[i];
        array[i] = array[j];
        array[j] = temp;
    }

    public static void main(String[] args) {
        Integer[] intArray = {1, 2, 3, 4};
        swap(intArray, 1, 3);
        for (int i : intArray) {
            System.out.print(i + " ");
        }
        System.out.println();

        String[] strArray = {"A", "B", "C", "D"};
        swap(strArray, 0, 2);
        for (String s : strArray) {
            System.out.print(s + " ");
        }
    }
}
```

Salida:

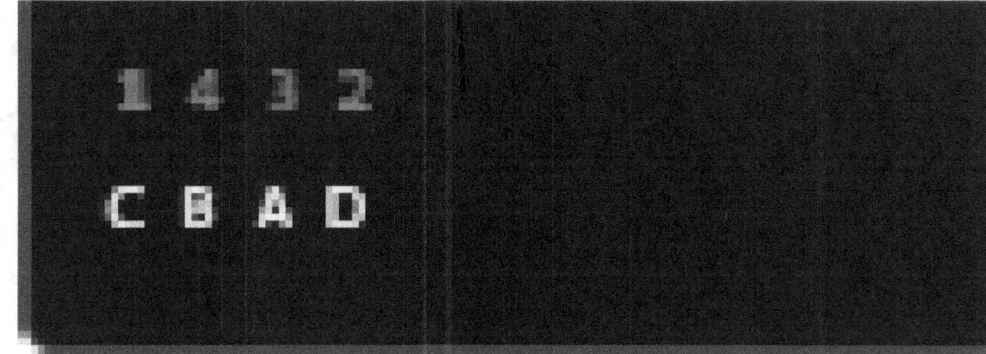

El método swap funciona con cualquier tipo de array, ya sea un Integer[] o un String[].

5. Parámetros de tipo limitado

A veces, se desea restringir los tipos que pueden utilizarse como argumentos en una clase o método genérico. Los parámetros de tipo limitado permiten imponer estas restricciones.

Sintaxis:

```
<T extends SuperClass> // T must be a subclass of SuperClass
```

Ejemplo: Parámetro de tipo limitado en método genérico

```java
class BoundExample<T extends Number> {
    private T value;

    public BoundExample(T value) {
        this.value = value;
    }

    public void display() {
        System.out.println("Value: " + value);
    }

    public static void main(String[] args) {
        BoundExample<Integer> intObj = new BoundExample<>(10);
        intObj.display();

        // BoundExample<String> strObj = new BoundExample<>("Hello"); // Compile-time erro
    }
}
```

Salida:

```
Value: 10
```

En este ejemplo, la clase BoundExample<T> sólo acepta tipos que sean subclases de Number, como Integer o Double.

6. Comodines en los genéricos

Los comodines se utilizan en los genéricos para representar un tipo desconocido. Son especialmente útiles cuando se desea expresar que un método puede aceptar o devolver varios tipos de objetos, pero no se conoce el tipo exacto.

Tipos de comodines:
1. **Comodín no limitado (?)**: Representa cualquier tipo.

```java
public void printList(List<?> list) {
    for (Object elem : list) {
        System.out.println(elem);
    }
}
```

2. **Comodín de límite superior (<? extends T>)**: Representa un tipo que es una subclase de T.

```
public void printNumbers(List<? extends Number> list) {
    for (Number n : list) {
        System.out.println(n);
    }
}
```

3. **Comodín de límite inferior (<? super T>)**: Representa un tipo que es una superclase de T.

```
public void addNumbers(List<? super Integer> list) {
    list.add(10);
    list.add(20);
}
```

Ejemplo: Uso de comodines

```
maya.ut1l.Llstj



                              (L1st' !' JJst) (




L1st'l¢teger' 1¢tL1st = 1htLJst
add( )j
1ätLJst add( )j
1htLJst add( )j

L1st'Str1äg' strLlst=
strLJst add(    ).
strLJst add(    ).
strLJst add(    ).

pr1ntL1st(1ntL1st) ;
pr1ntL1st(strL1st) ;
```

Salida:

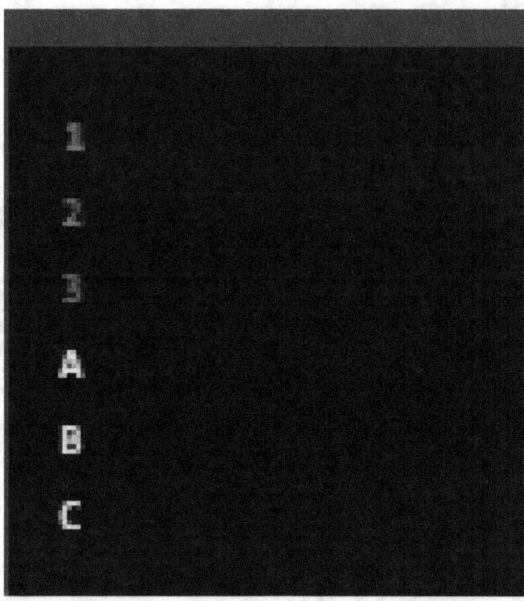

Interfaces genéricas

Al igual que las clases y los métodos, las interfaces también pueden ser genéricas.

Ejemplo: Interfaz genérica

```java
interface Pair<K, V> {
    K getKey();
    V getValue();
}

class OrderedPair<K, V> implements Pair<K, V> {
    private K key;
    private V value;

    public OrderedPair(K key, V value) {
        this.key = key;
        this.value = value;
    }

    public K getKey() { return key; }
    public V getValue() { return value; }

    public static void main(String[] args) {
        Pair<String, Integer> p1 = new OrderedPair<>("One", 1);
        System.out.println("Key: " + p1.getKey() + ", Value: " + p1.getValue());

        Pair<String, String> p2 = new OrderedPair<>("Hello", "World");
        System.out.println("Key: " + p2.getKey() + ", Value: " + p2.getValue());
    }
}
```

Salida

```
Key: One, Value: 1

Key: Hello, Value: World
```

8. Tipo Borrado

Los genéricos de Java se implementan mediante el **borrado de tipos**, lo que significa que la información de los parámetros de tipo se elimina durante la compilación. Este proceso garantiza la compatibilidad con el código no genérico.

- **Consecuencias de la supresión de tipos:**

  o No puede utilizar tipos primitivos como parámetros de tipo. Utilice clases envolventes como Integer, Double, etc.

  o No se pueden crear instancias de un tipo genérico (por ejemplo, new T() no está permitido).

  o Las excepciones en tiempo de ejecución relacionadas con los genéricos, como ClassCastException, todavía pueden ocurrir.

Limitaciones de los genéricos

- **Sin tipos primitivos**: No se pueden utilizar primitivas como argumentos de tipo.

```
List<int> list = new ArrayList<>(); // Compile-time error
```

No Arrays Genéricos: No se puede crear un array de tipo genérico.

```
T[] array = new T[10]; // Compile-time error
```

Borrado de tipos: Los tipos genéricos no retienen su información de tipo en tiempo de ejecución, lo que puede dar lugar a algunos problemas cuando se trabaja con reflexión o serialización.

Métodos y clases genéricos

Método genérico:

```java
public class Main {
    public static <T> void printArray(T[] array) {
        for (T element : array) {
            System.out.println(element);
        }
    }


    public static void main(String[] args) {
        Integer[] intArray = {1, 2, 3};
        String[] strArray = {"Apple", "Banana"};

        printArray(intArray);  // Outputs: 1 2 3
        printArray(strArray);  // Outputs: Apple Banana
    }
}
```

Clase genérica:

```java
public class Box<T> {
    private T item;

    public void setItem(T item) {
        this.item = item;
    }

    public T getItem() {
        return item;
    }
}

public class Main {
    public static void main(String[] args) {
        Box<String> stringBox = new Box<>();
        stringBox.setItem("Apple");
        System.out.println(stringBox.getItem());  // Outputs: Apple

        Box<Integer> intBox = new Box<>();
        intBox.setItem(123);
        System.out.println(intBox.getItem());  // Outputs: 123
    }
}
```

Tipos limitados

Parámetros de tipo limitado:

- Utilice parámetros de tipo delimitado para restringir los tipos que pueden utilizarse como argumentos de tipo.

Por ejemplo:

```java
public class Main {

    public static <T extends Number> void printDoubleValue(T number) {

        System.out.println(number.doubleValue());

    }

    public static void main(String[] args) {

        printDoubleValue(123);   // Outputs: 123.0

        printDoubleValue(45.67);   // Outputs: 45.67

    }

}
```

Capítulo 13

Multihilo y concurrencia en Java

El multithreading y la concurrencia son conceptos críticos en Java que permiten la ejecución de múltiples tareas simultáneamente, mejorando el rendimiento y la capacidad de respuesta de las aplicaciones. Java ofrece un sólido soporte para el multithreading y la concurrencia, lo que permite a los desarrolladores escribir aplicaciones que pueden gestionar eficientemente múltiples tareas.

1. Introducción al multihilo

Multithreading se refiere a la capacidad de una CPU (o de un único núcleo en un procesador multinúcleo) para proporcionar múltiples hilos de ejecución concurrentes, soportados por el sistema operativo. Cada hilo representa una ruta de ejecución independiente.

Conceptos clave:

- **Hilo:** Proceso ligero que puede ejecutarse de forma concurrente con otros hilos dentro de un mismo proceso.

- **Concurrencia:** Capacidad de un programa para ejecutar varias tareas simultáneamente.

- **Paralelismo:** La ejecución simultánea de múltiples tareas, a menudo en diferentes procesadores o núcleos.

2. Creación de subprocesos en Java

Java proporciona dos formas principales de crear e iniciar un hilo:

2.1. Ampliación de la clase Thread

La forma más sencilla de crear un hilo es extendiendo la clase Thread y sobreescribiendo su método run().

```java
class MyThread extends Thread {
    @Override
    public void run() {
        System.out.println("Thread is running.");
    }

    public static void main(String[] args) {
        MyThread thread = new MyThread();
        thread.start(); // Start the thread
    }
}
```

Implementación de la interfaz ejecutable

Otra forma común de crear un hilo es implementando la interfaz Runnable, que tiene un único método run().

```java
class MyRunnable implements Runnable {
    @Override
    public void run() {
        System.out.println("Thread is running.");
    }

    public static void main(String[] args) {
        Thread thread = new Thread(new MyRunnable());
        thread.start(); // Start the thread
    }
}
```

3. Estados y ciclo de vida de los hilos

Un hilo en Java puede estar en uno de varios estados durante su ciclo de vida:

- **Nuevo:** Un hilo que se ha creado pero aún no se ha iniciado.

- **Ejecutable:** Un hilo que está listo para ejecutarse o que se está ejecutando actualmente.

- **Bloqueado:** Un hilo que está esperando un bloqueo de monitor para entrar en un bloque/método sincronizado.

- **En espera:** Un hilo que está esperando indefinidamente a que otro hilo realice una acción concreta.

- **Espera temporizada:** Un hilo que está esperando que otro hilo realice una acción específica dentro de un límite de tiempo.

- **Terminado:** Hilo que ha finalizado su ejecución.

4. Sincronización en Java

La sincronización es el proceso de controlar el acceso a recursos compartidos por múltiples hilos para evitar condiciones de carrera.

4.1. Métodos sincronizados

Puede sincronizar un método utilizando la palabra clave synchronized. Cuando un método está sincronizado, sólo un hilo puede ejecutarlo a la vez para un objeto dado.

```java
class Counter {
    private int count = 0;

    public synchronized void increment() {
        count++;
    }

    public int getCount() {
        return count;
    }
}
```

Bloques sincronizados

Para un control más preciso, puede sincronizar un bloque específico de código dentro de un método.

```java
class Counter {
    private int count = 0;

    public void increment() {
        synchronized (this) {
            count++;
        }
    }

    public int getCount() {
        return count;
    }
}
```

Comunicación entre hilos

Java proporciona varias formas para que los hilos se comuniquen entre sí:

5.1. Métodos wait(), notify() y notifyAll()

Estos métodos se utilizan para la comunicación entre hilos. Deben ser llamados desde dentro de un bloque o método sincronizado.

- wait(): Hace que el hilo actual espere hasta que otro hilo invoque notify() o notifyAll() sobre el mismo objeto.

- notify(): Despierta un único hilo que está esperando en el monitor del objeto.

- notifyAll(): Despierta todos los hilos que están esperando en el monitor del objeto.

Ejemplo: Problema productor-consumidor

```java
class SharedResource {
    private int item;
    private boolean available = false;

    public synchronized void produce(int item) throws InterruptedException {
        while (available) {
            wait();
        }
        this.item = item;
        available = true;
        System.out.println("Produced: " + item);
        notify();
    }

    public synchronized int consume() throws InterruptedException {
        while (!available) {
            wait();
        }
        available = false;
        System.out.println("Consumed: " + item);
        notify();
        return item;
    }
}

class Producer implements Runnable {
    private SharedResource resource;

    public Producer(SharedResource resource) {
        this.resource = resource;
    }

    @Override
    public void run() {
        for (int i = 0; i < 5; i++) {
            try {
                resource.produce(i);
            } catch (InterruptedException e) {
                Thread.currentThread().interrupt();
            }
        }
    }
}

class Consumer implements Runnable {
    private SharedResource resource;

    public Consumer(SharedResource resource) {
        this.resource = resource;
    }

    @Override
    public void run() {
        for (int i = 0; i < 5; i++) {
            try {
                resource.consume();
            } catch (InterruptedException e) {
                Thread.currentThread().interrupt();
            }
        }
    }
}
```

```
public class Main {
    public static void main(String[] args) {
        SharedResource resource = new SharedResource();
        Thread producerThread = new Thread(new Producer(resource));
        Thread consumerThread = new Thread(new Consumer(resource));

        producerThread.start();
        consumerThread.start();
    }
}
```

Punto muerto

Un deadlock se produce cuando dos o más threads están bloqueados para siempre, esperando a que el otro libere recursos. Para evitar bloqueos:

- Adquirir recursos en un orden coherente.

- Utilice tryLock con un tiempo de espera para evitar esperas indefinidas.

Ejemplo de bloqueo

```java
class A {
    synchronized void methodA(B b) {
        System.out.println("Thread 1 starts execution of methodA");
        try {
            Thread.sleep(100);
        } catch (InterruptedException e) {
        }
        b.last();
    }

    synchronized void last() {
        System.out.println("Inside A.last()");
    }
}

class B {
    synchronized void methodB(A a) {
        System.out.println("Thread 2 starts execution of methodB");
        try {
            Thread.sleep(100);
        } catch (InterruptedException e) {
        }
        a.last();
    }

    synchronized void last() {
        System.out.println("Inside B.last()");
    }
}

public class DeadlockExample implements Runnable {
    A a = new A();
    B b = new B();

    DeadlockExample() {
        Thread t = new Thread(this);
        t.start();
        a.methodA(b);
    }

    public void run() {
        b.methodB(a);
    }

    public static void main(String[] args) {
        new DeadlockExample();
    }
}
```

7. Utilidades de concurrencia

Java proporciona un paquete java.util.concurrent que incluye utilidades de concurrencia de alto nivel, como:

7.1. Marco ejecutor

El framework Executor proporciona una forma de gestionar un pool de hilos para ejecutar tareas de forma asíncrona.

- **ExecutorService**: Interfaz que proporciona métodos para gestionar la terminación y seguir el progreso de las tareas asíncronas.

- **Ejecutores**: Métodos de fábrica para crear pools de hilos.

```java
import java.util.concurrent.ExecutorService;
import java.util.concurrent.Executors;

public class ExecutorExample {
    public static void main(String[] args) {
        ExecutorService executor = Executors.newFixedThreadPool(2);

        Runnable task1 = () -> System.out.println("Task 1 executed");
        Runnable task2 = () -> System.out.println("Task 2 executed");

        executor.submit(task1);
        executor.submit(task2);

        executor.shutdown();
    }
}
```

Futuros y rescatables

La interfaz Callable es similar a Runnable, pero puede devolver un resultado y lanzar excepciones comprobadas. El resultado se puede recuperar utilizando un Future.

```java
import java.util.concurrent.Callable;
import java.util.concurrent.ExecutionException;
import java.util.concurrent.ExecutorService;
import java.util.concurrent.Executors;
import java.util.concurrent.Future;

public class CallableExample {
    public static void main(String[] args) {
        ExecutorService executor = Executors.newFixedThreadPool(2);

        Callable<Integer> task = () -> {
            return 123;
        };

        Future<Integer> future = executor.submit(task);

        try {
            System.out.println("Result: " + future.get());
        } catch (InterruptedException | ExecutionException e) {
            e.printStackTrace();
        } finally {
            executor.shutdown();
        }
    }
}
```

Cerraduras

ReentrantLock proporciona una gestión de bloqueos explícita, con características más avanzadas en comparación con los bloques sincronizados.

```java
import java.util.concurrent.locks.Lock;
import java.util.concurrent.locks.ReentrantLock;

public class LockExample {
    private final Lock lock = new ReentrantLock();
    private int count = 0;

    public void increment() {
        lock.lock();
        try {
            count++;
        } finally {
            lock.unlock();
        }
    }

    public int getCount() {
        return count;
    }
}
```

Variables atómicas

Las variables atómicas como AtomicInteger proporcionan un mecanismo libre de bloqueos y a prueba de hilos para realizar operaciones atómicas.

```java
import java.util.concurrent.atomic.AtomicInteger;

public class AtomicExample {
    private AtomicInteger count = new AtomicInteger();

    public void increment() {
        count.incrementAndGet();
    }

    public int getCount() {
        return count.get();
    }
}
```

Conclusión

Comprender el multithreading y la concurrencia en Java es esencial para crear aplicaciones de alto rendimiento. Java proporciona un amplio conjunto de API y utilidades que le ayudarán a gestionar los subprocesos de forma eficaz, garantizando que sus programas se ejecuten sin problemas incluso al realizar tareas complejas y concurrentes. Aprovechando estas herramientas y técnicas, puede evitar problemas comunes como las condiciones de carrera, los bloqueos y la gestión ineficiente de hilos.

Hilos:

- Un hilo es un proceso ligero.

- Java proporciona soporte integrado para multithreading a través de la clase java.lang.Thread.

Creación de Threads (Runnable y Thread Class)

Uso de la interfaz ejecutable:

```java
class MyRunnable implements Runnable {

    public void run() {

        System.out.println("Thread is running.");

    }

}


public class Main {

    public static void main(String[] args) {

        Thread thread = new Thread(new MyRunnable());

        thread.start();

    }

}
```

Uso de la clase Thread:

```java
class MyThread extends Thread {
    public void run() {
        System.out.println("Thread is running.");
    }
}


public class Main {
    public static void main(String[] args) {
        MyThread thread = new MyThread();
        thread.start();
    }
}
```

Sincronización:

- Garantiza que sólo un hilo pueda acceder a un recurso a la vez.

Ejemplo:

```java
class Counter {
    private int count = 0;

    public synchronized void increment() {
        count++;
    }

    public int getCount() {
        return count;
    }
}

public class Main {
    public static void main(String[] args) {
        Counter counter = new Counter();

        Thread t1 = new Thread(() -> {
            for (int i = 0; i < 1000; i++) {
                counter.increment();
            }
        });

        Thread t2 = new Thread(() -> {
            for (int i = 0; i < 1000; i++) {
                counter.increment();
            }
        });

        t1.start();
        t2.start();

        try {
            t1.join();
            t2.join();
        } catch (InterruptedException e) {
            e.printStackTrace();
        }

        System.out.println("Count: " + counter.getCount());  // Outputs: 2000
    }
}
```

Utilidades de concurrencia (ExecutorService, Future, Callable)

ServicioEjecutor:

- Un sustituto de alto nivel para la gestión de hilos.

Ejemplo:

```java
import java.util.concurrent.ExecutorService;
import java.util.concurrent.Executors;

public class Main {
    public static void main(String[] args) {
        ExecutorService executor = Executors.newFixedThreadPool(2);

        Runnable task1 = () -> {
            System.out.println("Task 1 is running");
        };

        Runnable task2 = () -> {
            System.out.println("Task 2 is running");
        };

        executor.execute(task1);
        executor.execute(task2);

        executor.shutdown();
    }
}
```

Amortizable y Futuro:

- Callable puede devolver un resultado y lanzar una excepción comprobada.

- Future representa el resultado de un cálculo asíncrono.

Ejemplo:

```java
import java.util.concurrent.Callable;
import java.util.concurrent.ExecutionException;
import java.util.concurrent.ExecutorService;
import java.util.concurrent.Executors;
import java.util.concurrent.Future;

public class Main {
    public static void main(String[] args) {
        ExecutorService executor = Executors.newFixedThreadPool(2);

        Callable<Integer> task = () -> {
            return 123;
        };

        Future<Integer> future = executor.submit(task);

        try {
            Integer result = future.get();
            System.out.println("Result: " + result);  // Outputs: Result: 123
        } catch (InterruptedException | ExecutionException e) {
            e.printStackTrace();
        } finally {
            executor.shutdown();
        }
    }
}
```

Capítulo 14: Características de Java

Expresiones lambda:

- Proporcionar una forma clara y concisa de representar la interfaz de un método mediante una expresión.

- Permite tratar la funcionalidad como argumento de un método o tratar un código como dato.

Sintaxis:

```
(parameters) -> expression

(parameters) -> { statements; }
```

Ejemplo:

```java
import java.util.Arrays;
import java.util.List;


public class Main {
    public static void main(String[] args) {
        List<String> list = Arrays.asList("Apple", "Banana", "Orange");


        // Using a lambda expression to iterate over the list
        list.forEach(fruit -> System.out.println(fruit));
    }
}
```

API de flujos:

- Proporciona una nueva abstracción para procesar secuencias de elementos.

- Admite operaciones como filtrar, mapear y reducir.

Por ejemplo:

```java
import java.util.Arrays;
import java.util.List;
import java.util.stream.Collectors;

public class Main {
    public static void main(String[] args) {
        List<String> list = Arrays.asList("Apple", "Banana", "Orange");

        // Using Streams to filter and collect
        List<String> filteredList = list.stream()
            .filter(fruit -> fruit.startsWith("A"))
            .collect(Collectors.toList());

        System.out.println(filteredList);  // Outputs: [Apple]
    }
}
```

Interfaces funcionales:

- Una interfaz con exactamente un método abstracto.

- Se utiliza como base para las expresiones lambda y las referencias a métodos.

Por ejemplo:

```java
@FunctionalInterface
interface MyFunctionalInterface {
    void printMessage(String message);

}


public class Main {
    public static void main(String[] args) {
        // Using a lambda expression with a functional interface
        MyFunctionalInterface printer = message -> System.out.println(message);
        printer.printMessage("Hello, World!");
    }
}
```

Métodos estáticos y por defecto en las interfaces

Métodos por defecto:

- Permiten añadir nuevos métodos a las interfaces sin romper la implementación existente.

Por ejemplo:

```java
interface MyInterface {

    default void defaultMethod() {

        System.out.println("This is a default method");

    }

}


class MyClass implements MyInterface {

    // MyClass can override defaultMethod if needed

}


public class Main {

    public static void main(String[] args) {

        MyClass myClass = new MyClass();

        myClass.defaultMethod();  // Outputs: This is a default method

    }

}
```

Métodos estáticos:

- Puede definirse en interfaces y accederse a ellas sin instancia.

Por ejemplo:

```java
interface MyInterface {
    static void staticMethod() {
        System.out.println("This is a static method");
    }
}


public class Main {
    public static void main(String[] args) {
        MyInterface.staticMethod();  // Outputs: This is a static method
    }
}
```

Parte III: Java avanzado

Capítulo 15: Redes Java

Introducción a las redes en Java

Trabajo en red:

- Java ofrece soporte para redes a través del paquete java.net.

- Las clases más utilizadas son URL, URI, Socket, ServerSocket y DatagramSocket.

Trabajar con URL y URI

URL y URI:

- URL representa un Localizador Uniforme de Recursos, un puntero a un recurso en la web.

- URI representa un Identificador Uniforme de Recursos, una cadena de caracteres utilizada para identificar un recurso.

Por ejemplo:

```java
import java.net.MalformedURLException;
import java.net.URL;

public class Main {
    public static void main(String[] args) {
        try {
            URL url = new URL("https://www.example.com");
            System.out.println("Protocol: " + url.getProtocol());
            System.out.println("Host: " + url.getHost());
            System.out.println("Port: " + url.getPort());
            System.out.println("File: " + url.getFile());
        } catch (MalformedURLException e) {
            e.printStackTrace();
        }
    }
}
```

Sockets y ServerSockets

Enchufes:

- Proporcionar una vía de comunicación entre dos máquinas.

- La clase Socket se utiliza para el lado del cliente y la clase ServerSocket para el lado del servidor.

Ejemplo (Comunicación Cliente-Servidor): Servidor:

```java
import java.io.*;
import java.net.ServerSocket;
import java.net.Socket;

public class Server {
    public static void main(String[] args) {
        try (ServerSocket serverSocket = new ServerSocket(1234)) {
            System.out.println("Server is listening on port 1234");
            while (true) {
                Socket socket = serverSocket.accept();
                new ServerThread(socket).start();
            }
        } catch (IOException e) {
            e.printStackTrace();
        }
    }
}

class ServerThread extends Thread {
    private Socket socket;

    public ServerThread(Socket socket) {
        this.socket = socket;
    }

    public void run() {
        try (BufferedReader input = new BufferedReader(new InputStreamReader(socket.getInp
             PrintWriter output = new PrintWriter(socket.getOutputStream(), true)) {
            String message;
            while ((message = input.readLine()) != null) {
                System.out.println("Received: " + message);
                output.println("Echo: " + message);
            }
        } catch (IOException e) {
            e.printStackTrace();
        }
    }
}
```

Cliente:

```java
import java.io.*;
import java.net.Socket;

public class Client {
    public static void main(String[] args) {
        try (Socket socket = new Socket("localhost", 1234);
            PrintWriter output = new PrintWriter(socket.getOutputStream(), true);
            BufferedReader input = new BufferedReader(new InputStreamReader(socket.getInp
            BufferedReader console = new BufferedReader(new InputStreamReader(System.in))

            String userInput;
            while ((userInput = console.readLine()) != null) {
                output.println(userInput);
                System.out.println(input.readLine());
            }
        } catch (IOException e) {
            e.printStackTrace();
        }
    }
}
```

297

Datagramas y sockets multidifusión

Datagramas:

- Se utiliza para enviar y recibir paquetes.

- DatagramSocket se utiliza para enviar y recibir paquetes de datagramas.

Por ejemplo:

```java
import java.net.DatagramPacket;
import java.net.DatagramSocket;
import java.net.InetAddress;

public class Main {
    public static void main(String[] args) {
        try {
            DatagramSocket socket = new DatagramSocket();
            String message = "Hello, World!";
            byte[] buffer = message.getBytes();

            InetAddress address = InetAddress.getByName("localhost");
            DatagramPacket packet = new DatagramPacket(buffer, buffer.length, address, 123
            socket.send(packet);

            // Receive response
            buffer = new byte[1024];
            packet = new DatagramPacket(buffer, buffer.length);
            socket.receive(packet);
            String received = new String(packet.getData(), 0, packet.getLength());
            System.out.println("Received: " + received);

            socket.close();
        } catch (Exception e) {
            e.printStackTrace();
        }
    }
}
```

Capítulo 16: Conectividad de bases de datos Java (JDBC)

Introducción a JDBC JDBC:

- API Java para conectar y ejecutar consultas con bases de datos.

- Consta de interfaces como Connection, Statement, PreparedStatement y ResultSet.

Ejemplo de conexión a una

base de datos:

```java
import java.sql.Connection;
import java.sql.DriverManager;
import java.sql.SQLException;

public class Main {
    public static void main(String[] args) {
        String url = "jdbc:mysql://localhost:3306/mydatabase";
        String user = "root";
        String password = "password";

        try (Connection connection = DriverManager.getConnection(url, user, password)) {
            System.out.println("Connected to the database!");
        } catch (SQLException e) {
            e.printStackTrace();
        }
    }
}
```

Ejecución de consultas SQL

Ejemplo:

```java
import java.sql.Connection;
import java.sql.DriverManager;
import java.sql.ResultSet;
import java.sql.SQLException;
import java.sql.Statement;

public class Main {
    public static void main(String[] args) {
        String url = "jdbc:mysql://localhost:3306/mydatabase";
        String user = "root";
        String password = "password";

        try (Connection connection = DriverManager.getConnection(url, user, password);
            Statement statement = connection.createStatement()) {

            // Execute a query
            ResultSet resultSet = statement.executeQuery("SELECT * FROM mytable");

            // Process the result set
            while (resultSet.next()) {
                System.out.println("ID: " + resultSet.getInt("id"));
                System.out.println("Name: " + resultSet.getString("name"));
            }
        } catch (SQLException e) {
            e.printStackTrace();
        }
    }
}
```

Declaraciones y transacciones preparadas

Declaraciones preparadas:

- Se utiliza para ejecutar consultas parametrizadas.

- Evita los ataques de inyección SQL.

Ejemplo:

```java
import java.sql.Connection;

import java.sql.DriverManager;

import java.sql.PreparedStatement;

import java.sql.SQLException;


public class Main {

    public static void main(String[] args) {

        String url = "jdbc:mysql://localhost:330
```

Parte III: Java avanzado

Capítulo 17: Programación GUI en Java

Introducción a AWT y Swing

AWT (Abstract Window Toolkit):

- Forma parte de Java Foundation Classes (JFC).

- Proporciona un conjunto de API para crear interfaces gráficas de usuario.

- Los componentes son pesados.

Columpio:

- Ampliación de AWT.

- Proporciona un conjunto más rico de componentes GUI.

- Los componentes son ligeros.

Ejemplo:

```java
import javax.swing.*;

public class Main {
    public static void main(String[] args) {
        JFrame frame = new JFrame("Hello Swing");
        JLabel label = new JLabel("Hello, World!");
        frame.add(label);
        frame.setSize(300, 200);
        frame.setDefaultCloseOperation(JFrame.EXIT_ON_CLOSE);
        frame.setVisible(true);
    }
}
```

Creación de aplicaciones GUI con Swing

Ejemplo:

```java
import javax.swing.*;
import java.awt.*;

public class Main {
    public static void main(String[] args) {
        JFrame frame = new JFrame("Calculator");
        frame.setLayout(new BorderLayout());

        JTextField display = new JTextField();
        frame.add(display, BorderLayout.NORTH);

        JPanel panel = new JPanel();
        panel.setLayout(new GridLayout(4, 4));

        String[] buttons = {
            "7", "8", "9", "/",
            "4", "5", "6", "*",
            "1", "2", "3", "-",
            "0", ".", "=", "+"
        };

        for (String text : buttons) {
            panel.add(new JButton(text));
        }

        frame.add(panel, BorderLayout.CENTER);
        frame.setSize(300, 400);
        frame.setDefaultCloseOperation(JFrame.EXIT_ON_CLOSE);
        frame.setVisible(true);
    }
}
```

Gestión de eventos

Gestión de eventos:

- Mecanismo para manejar eventos como clics de botones.

- Utiliza escuchadores de eventos y fuentes de eventos.

Por ejemplo:

```java
import javax.swing.*;
import java.awt.event.ActionEvent;
import java.awt.event.ActionListener;


public class Main {
    public static void main(String[] args) {
        JFrame frame = new JFrame("Button Click Example");
        JButton button = new JButton("Click Me");


        button.addActionListener(new ActionListener() {
            public void actionPerformed(ActionEvent e) {
                JOptionPane.showMessageDialog(frame, "Button Clicked!");
            }
        });


        frame.add(button);
        frame.setSize(300, 200);
        frame.setDefaultCloseOperation(JFrame.EXIT_ON_CLOSE);
        frame.setVisible(true);
    }
}
```

Responsables de diseño

Responsables de diseño:

- Se utiliza para organizar los componentes GUI en un contenedor.

- Los gestores de diseño más comunes son BorderLayout, FlowLayout, GridLayout y BoxLayout.

Por ejemplo:

```java
import javax.swing.*;
import java.awt.*;

public class Main {
    public static void main(String[] args) {
        JFrame frame = new JFrame("Layout Manager Example");
        frame.setLayout(new BorderLayout());

        frame.add(new JButton("North"), BorderLayout.NORTH);
        frame.add(new JButton("South"), BorderLayout.SOUTH);
        frame.add(new JButton("East"), BorderLayout.EAST);
        frame.add(new JButton("West"), BorderLayout.WEST);
        frame.add(new JButton("Center"), BorderLayout.CENTER);

        frame.setSize(300, 200);
        frame.setDefaultCloseOperation(JFrame.EXIT_ON_CLOSE);
        frame.setVisible(true);
    }
}
```

Capítulo 18: JavaFX

Introducción a JavaFX

JavaFX:

- Moderno marco Java para crear aplicaciones GUI sofisticadas.

- Sustituye a Swing y AWT.

- Admite gráficos 2D y 3D, audio y vídeo.

Construcción de GUI con

JavaFX Ejemplo:

```java
import javafx.application.Application;
import javafx.scene.Scene;
import javafx.scene.control.Label;
import javafx.stage.Stage;

public class Main extends Application {
    @Override
    public void start(Stage stage) {
        Label label = new Label("Hello, JavaFX!");
        Scene scene = new Scene(label, 300, 200);
        stage.setScene(scene);
        stage.setTitle("JavaFX Example");
        stage.show();
    }

    public static void main(String[] args) {
        launch(args);
    }
}
```

Propiedades y enlaces de JavaFX

Propiedades y enlaces:

- Las propiedades de JavaFX permiten observar los cambios de estado de un objeto.

- Los enlaces conectan las propiedades para que los cambios en una se reflejen en otra.

Por ejemplo:

```java
import javafx.application.Application;
import javafx.beans.property.DoubleProperty;
import javafx.beans.property.SimpleDoubleProperty;
import javafx.scene.Scene;
import javafx.scene.control.Slider;
import javafx.scene.control.TextField;
import javafx.scene.layout.VBox;
import javafx.stage.Stage;

public class Main extends Application {
    @Override
    public void start(Stage stage) {
        Slider slider = new Slider(0, 100, 50);
        TextField textField = new TextField();

        DoubleProperty sliderValue = new SimpleDoubleProperty();
        sliderValue.bind(slider.valueProperty());
        textField.textProperty().bind(sliderValue.asString("%.2f"));

        VBox root = new VBox(slider, textField);
        Scene scene = new Scene(root, 300, 200);
        stage.setScene(scene);
        stage.setTitle("JavaFX Properties and Bindings");
        stage.show();
    }

    public static void main(String[] args) {
        launch(args);
    }
}
```

FXML y Scene Builder

FXML:

- Lenguaje basado en XML para definir la interfaz de usuario.

- Scene Builder es una herramienta visual de diseño de aplicaciones JavaFX.

Por ejemplo:

- Main.java:

```java
import javafx.application.Application;
import javafx.fxml.FXMLLoader;
import javafx.scene.Parent;
import javafx.scene.Scene;
import javafx.stage.Stage;

public class Main extends Application {
    @Override
    public void start(Stage stage) throws Exception {
        Parent root = FXMLLoader.load(getClass().getResource("layout.fxml"));
        Scene scene = new Scene(root);
        stage.setScene(scene);
        stage.setTitle("FXML Example");
        stage.show();
    }

    public static void main(String[] args) {
        launch(args);
    }
}
```

layout.fxml:

```xml
<?xml version="1.0" encoding="UTF-8"?>

<?import javafx.scene.control.Label?>
<?import javafx.scene.layout.VBox?>

<VBox xmlns:fx="http://javafx.com/fxml" fx:controller="Controller">
    <Label text="Hello, FXML!" />
</VBox>
```

```xml
<?xml version="1.0" encoding="UTF-8"?>

<?import javafx.scene.control.Label?>
<?import javafx.scene.layout.VBox?>

<VBox xmlns:fx="http://javafx.com/fxml" fx:controller="Controller">
    <Label text="Hello, FXML!" />
</VBox>
```

Controller.java:

```java
public class Controller {
    // Controller logic can be added here
}
```

310

Capítulo 19: Aplicaciones web con Java

Introducción a Java EE

Java EE (Enterprise Edition):

- Conjunto de especificaciones que amplían Java SE con especificaciones para funciones empresariales como la informática distribuida y los servicios web.

Servlets:

Programas Java que se ejecutan en un servidor y gestionan las peticiones de los clientes.

Ampliar las capacidades de los servidores que alojan aplicaciones a las que se accede mediante un modelo de solicitud-respuesta.

Por ejemplo:

```java
import java.io.IOException;
import javax.servlet.ServletException;
import javax.servlet.annotation.WebServlet;
import javax.servlet.http.HttpServlet;
import javax.servlet.http.HttpServletRequest;
import javax.servlet.http.HttpServletResponse;


@WebServlet("/hello")
public class HelloServlet extends HttpServlet {
    protected void doGet(HttpServletRequest request, HttpServletResponse response) throws
        response.getWriter().println("Hello, Servlet!");
    }
}
```

Páginas JavaServer (JSP)

JSP:

- Tecnología que ayuda a crear páginas web generadas dinámicamente a partir de HTML, XML u otros tipos de documentos.

- Permite incrustar código Java directamente en el HTML.

Por ejemplo:

- index.jsp:

```jsp
<%@ page language="java" contentType="text/html; charset=UTF-8" pageEncoding="UTF-8"%>
<!DOCTYPE html>
<html>
<head>
    <title>Hello JSP</title>
</head>
<body>
    <h1>Hello, JSP!</h1>
</body>
</html>
```

Creación de aplicaciones web con Spring Boot

Spring Boot:

- Framework para crear rápidamente aplicaciones listas para la producción.

- Simplifica la configuración e instalación de aplicaciones Spring.

Ejemplo:

- Application.java:

```java
import org.springframework.boot.SpringApplication;

import org.springframework.boot.autoconfigure.SpringBootApplication;

import org.springframework.web.bind.annotation.GetMapping;

import org.springframework.web.bind.annotation.RestController;


@SpringBootApplication

public class Application {

    public static void main(String[] args) {

        SpringApplication.run(Application.class, args);

    }

}


@RestController

class HelloController {

    @GetMapping("/hello")

    public String hello() {

        return "Hello, Spring Boot!";

    }

}
```

Capítulo 20: Patrones de diseño

Introducción a los patrones de diseño

Patrones de diseño:

- Soluciones a problemas comunes en el diseño de software.

- Pueden clasificarse en patrones de creación, estructurales y de comportamiento.

Patrones de creación

Singleton:

- Garantiza que una clase sólo tenga una instancia y proporciona un punto de acceso global.

Ejemplo:

```
public class Singleton {
    private static Singleton instance;

    private Singleton() {}

    public static Singleton getInstance() {
        if (instance == null) {
            instance = new Singleton();
        }
        return instance;
    }
}
```

Fábrica:

- Define una interfaz para crear un objeto, pero permite a las subclases modificar el tipo de objetos que se crearán.

Ejemplo:

```java
interface Shape {
    void draw();
}

class Circle implements Shape {
    public void draw() {
        System.out.println("Drawing Circle");
    }
}

class Square implements Shape {
    public void draw() {
        System.out.println("Drawing Square");
    }
}

class ShapeFactory {
    public Shape getShape(String shapeType) {
        if (shapeType.equals("CIRCLE")) {
            return new Circle();
        } else if (shapeType.equals("SQUARE")) {
            return new Square();
        }
        return null;
    }
}

public class Main {
    public static void main(String[] args) {
        ShapeFactory shapeFactory = new ShapeFactory();

        Shape shape1 = shapeFactory.getShape("CIRCLE");
        shape1.draw();

        Shape shape2 = shapeFactory.getShape("SQUARE");
        shape2.draw();
    }
}
```

Constructor:

- Separa la construcción de un objeto complejo de su representación. **Por ejemplo:**

```java
class User {
    private final String firstName;
    private final String lastName;
    private final int age;
    private final String address;

    private User(UserBuilder builder) {
        this.firstName = builder.firstName;
        this.lastName = builder.lastName;
        this.age = builder.age;
        this.address = builder.address;
    }

    public static class UserBuilder {
        private String firstName;
        private String lastName;
        private int age;
        private String address;

        public UserBuilder setFirstName(String firstName) {
            this.firstName = firstName;
            return this;
        }

        public UserBuilder setLastName(String lastName) {
            this.lastName = lastName;
            return this;
        }

        public UserBuilder setAge(int age) {
            this.age = age;
            return this;
        }

        public UserBuilder setAddress(String address) {
            this.address = address;
            return this;
        }

        public User build() {
            return new User(this);
        }
    }
}

public class Main {
    public static void main(String[] args) {
        User user = new User.UserBuilder()
            .setFirstName("John")
            .setLastName("Doe")
            .setAge(30)
            .setAddress("123 Main St")
            .build();

        System.out.println("User created: " + user);
    }
}
```

317

Patrones estructurales

Adaptador:

- Permite que interfaces incompatibles trabajen juntas.

Ejemplo:

```java
interface MediaPlayer {
    void play(String audioType, String fileName);
}

class AudioPlayer implements MediaPlayer {
    public void play(String audioType, String fileName) {
        if(audioType.equalsIgnoreCase("mp3")) {
            System.out.println("Playing mp3 file. Name: " + fileName);
        } else if(audioType.equalsIgnoreCase("vlc") || audioType.equalsIgnoreCase("mp4"))
            MediaAdapter mediaAdapter = new MediaAdapter(audioType);
            mediaAdapter.play(audioType, fileName);
        } else {
            System.out.println("Invalid media. " + audioType + " format not supported");
        }
    }
}


interface AdvancedMediaPlayer {
    void playVlc(String fileName);
    void playMp4(String fileName);
}

class VlcPlayer implements AdvancedMediaPlayer {
    public void playVlc(String fileName) {
        System.out.println("Playing vlc file. Name: " + fileName);
    }

    public void playMp4(String fileName) {}
}

class Mp4Player implements AdvancedMediaPlayer {
    public void playVlc(String fileName) {}

    public void playMp4(String fileName) {
        System.out.println("Playing mp4 file. Name: " + fileName);
    }
}

class MediaAdapter implements MediaPlayer {
    AdvancedMediaPlayer advancedMusicPlayer;

    public MediaAdapter(String audioType) {
        if(audioType.equalsIgnoreCase("vlc")) {
            advancedMusicPlayer = new VlcPlayer();
        } else if(audioType.equalsIgnoreCase("mp4")) {
            advancedMusicPlayer = new Mp4Player();
        }
    }

    public void play(String audioType, String fileName) {
        if(audioType.equalsIgnoreCase("vlc")) {
            advancedMusicPlayer.playVlc(fileName);
        } else if(audioType.equalsIgnoreCase("mp4")) {
            advancedMusicPlayer.playMp4(fileName);
        }
    }
}

public class Main {
    public static void main(String[] args) {
        AudioPlayer audioPlayer = new AudioPlayer();

        audioPlayer.play("mp3", "beyond the horizon.mp3");
        audioPlayer.play("mp4", "alone.mp4");
        audioPlayer.play("vlc", "far far away.vlc");
        audioPlayer.play("avi", "mind me.avi");

    }
}
```

Compuesto:

- Compone objetos en estructuras de árbol para representar jerarquías parte-todo.

Ejemplo:

```java
import java.util.ArrayList;
import java.util.List;

interface Employee {
    void showEmployeeDetails();
}

class Developer implements Employee {
    private String name;
    private long empId;
    private String position;

    public Developer(long empId, String name, String position) {
        this.empId = empId;
        this.name = name;
        this.position = position;
    }

    @Override
    public void showEmployeeDetails() {
        System.out.println(empId + " " + name);
    }
}

class Manager implements Employee {
    private String name;
    private long empId;
    private String position;

    public Manager(long empId, String name, String position) {
        this.empId = empId;
        this.name = name;
        this.position = position;
    }

    @Override
    public void showEmployeeDetails() {
        System.out.println(empId + " " + name);
    }
}

class CompanyDirectory implements Employee {
    private List<Employee> employeeList = new ArrayList<>();

    @Override
    public void showEmployeeDetails() {
        for (Employee emp : employeeList) {
            emp.showEmployeeDetails();
        }
    }

    public void addEmployee(Employee emp) {
        employeeList.add(emp);
    }

    public void removeEmployee(Employee emp) {
        employeeList.remove(emp);
    }
}

public class Main {
    public static void main(String[] args) {
        Developer dev1 = new Developer(100, "John Doe", "Pro Developer");
        Developer dev2 = new Developer(101, "Jane Smith", "Developer");

        Manager man1 = new Manager(200, "Mike Johnson", "SEO Manager");

        CompanyDirectory directory = new CompanyDirectory();
        directory.addEmployee(dev1);
        directory.addEmployee(dev2);
        directory.addEmployee(man1);

        directory.showEmployeeDetails();
    }
}
```

Decorador:

- Adjunta responsabilidades adicionales a un objeto de forma dinámica.

Ejemplo:

```java
interface Car {
    void assemble();
}

class BasicCar implements Car {
    public void assemble() {
        System.out.print("Basic Car.");
    }
}

class CarDecorator implements Car {
    protected Car car;

    public CarDecorator(Car c) {
        this.car = c;
    }

    public void assemble() {
        this.car.assemble();
    }
}

class SportsCar extends CarDecorator {
    public SportsCar(Car c) {
        super(c);
    }

    public void assemble() {
        super.assemble();
        System.out.print(" Adding features of Sports Car.");
    }
}

class LuxuryCar extends CarDecorator {
    public LuxuryCar(Car c) {
        super(c);
    }

    public void assemble() {
        super.assemble();
        System.out.print(" Adding features of Luxury Car.");
    }
}

public class Main {
    public static void main(String[] args) {
        Car sportsCar = new SportsCar(new BasicCar());
        sportsCar.assemble();
        System.out.println("\n*****");

        Car sportsLuxuryCar = new SportsCar(new LuxuryCar(new BasicCar()));
        sportsLuxuryCar.assemble();
    }
}
```

323

Patrones de comportamiento

Estrategia:

- Define una familia de algoritmos, encapsula cada uno de ellos y los hace intercambiables.

Ejemplo:

```java
interface PaymentStrategy {
    void pay(int amount);
}

class CreditCardStrategy implements PaymentStrategy {
    private String cardNumber;

    public CreditCardStrategy(String cardNumber) {
        this.cardNumber = cardNumber;
    }

    public void pay(int amount) {
        System.out.println(amount + " paid with credit card " + cardNumber);
    }
}

class PaypalStrategy implements PaymentStrategy {
    private String emailId;

    public PaypalStrategy(String emailId) {
        this.emailId = emailId;
    }

    public void pay(int amount) {
        System.out.println(amount + " paid using Paypal " + emailId);
    }
}

class ShoppingCart {
    private List<Item> items;
    private PaymentStrategy paymentStrategy;

    public ShoppingCart(PaymentStrategy paymentStrategy) {
        this.items = new ArrayList<>();
        this.paymentStrategy = paymentStrategy;
    }

    public void addItem(Item item) {
        items.add(item);
    }

    public void removeItem(Item item) {
        items.remove(item);
    }

    public void pay() {
        int total = 0;
        for (Item item : items) {
            total += item.getPrice();
        }
        paymentStrategy.pay(total);
    }
}

class Item {
    private String name;
    private int price;

    public Item(String name, int price) {
        this.name = name;
        this.price = price;
    }

    public String getName() {
        return name;
    }

    public int getPrice() {
        return price;
    }
}

public class Main {
    public static void main(String[] args) {
        ShoppingCart cart1 = new ShoppingCart(new CreditCardStrategy("1234-5678-9812-3456"
        cart1.addItem(new Item("Laptop", 1000));
        cart1.addItem(new Item("Mouse", 50));
        cart1.pay();

        ShoppingCart cart2 = new ShoppingCart(new PaypalStrategy("email@example.com"));
        cart2.addItem(new Item("Keyboard", 100));
        cart2.addItem(new Item("Monitor", 200));
        cart2.pay();
    }
}
```

Observador:

- Define una dependencia de uno a muchos entre objetos, de modo que cuando un objeto cambia de estado, se notifica a todos sus dependientes.

Ejemplo:

```java
import java.util.ArrayList;
import java.util.List;

interface Observer {
    void update(String message);
}

class MessageSubscriber implements Observer {
    private String name;

    public MessageSubscriber(String name) {
        this.name = name;
    }

    @Override
    public void update(String message) {
        System.out.println(name + " received message: " + message);
    }
}

class MessagePublisher {
    private List<Observer> observers = new ArrayList<>();

    public void attach(Observer observer) {
        observers.add(observer);
    }

    public void detach(Observer observer) {
        observers.remove(observer);
    }

    public void notifyObservers(String message) {
        for (Observer observer : observers) {
            observer.update(message);
        }
    }
}

public class Main {
    public static void main(String[] args) {
        MessagePublisher publisher = new MessagePublisher();

        Observer observer1 = new MessageSubscriber("Subscriber 1");
        Observer observer2 = new MessageSubscriber("Subscriber 2");

        publisher.attach(observer1);
        publisher.attach(observer2);

        publisher.notifyObservers("Hello, Observers!");

        publisher.detach(observer1);

        publisher.notifyObservers("Another message!");
    }
}
```

Comando:

- Encapsula una solicitud como un objeto, lo que le permite parametrizar clientes con colas, solicitudes y operaciones.**Ejemplo:**

```java
interface Command {
    void execute();
}

class Light {
    public void turnOn() {
        System.out.println("Light is on");
    }

    public void turnOff() {
        System.out.println("Light is off");
    }
}

class LightOnCommand implements Command {
    private Light light;

    public LightOnCommand(Light light) {
        this.light = light;
    }

    public void execute() {
        light.turnOn();
    }
}

class LightOffCommand implements Command {
    private Light light;

    public LightOffCommand(Light light) {
        this.light = light;
    }

    public void execute() {
        light.turnOff();
    }
}

class RemoteControl {
    private Command command;

    public void setCommand(Command command) {
        this.command = command;
    }

    public void pressButton() {
        command.execute();
    }
}

public class Main {
    public static void main(String[] args) {
        Light light = new Light();
        Command lightOn = new LightOnCommand(light);
        Command lightOff = new LightOffCommand(light);

        RemoteControl remote = new RemoteControl();

        remote.setCommand(lightOn);
        remote.pressButton();

        remote.setCommand(lightOff);
        remote.pressButton();
    }
}
```

327

Capítulo 21: Temas avanzados

API de reflexión

- Permite inspeccionar y modificar clases, métodos y campos en tiempo de ejecución.

Ejemplo:

```java
import java.lang.reflect.Method;

public class Main {
    public static void main(String[] args) throws Exception {
        Class<?> clazz = Class.forName("java.lang.String");
        Method method = clazz.getMethod("toUpperCase");

        String str = "hello";
        String result = (String) method.invoke(str);

        System.out.println(result);
    }
}
```

Anotaciones:

- Proporcionar metadatos para el código.

- Puede utilizarse para instrucciones del compilador, procesamiento en tiempo de ejecución o generación de código.

Ejemplo:

```java
@interface MyAnnotation {
    String value();
}

@MyAnnotation(value = "Example")
public class Main {
    public static void main(String[] args) {
        MyAnnotation annotation = Main.class.getAnnotation(MyAnnotation.class);
        System.out.println(annotation.value());
    }
}
```

Interfaz nativa de Java (JNI)

JNI:

- Permite que el código Java interactúe con aplicaciones nativas y bibliotecas escritas en otros lenguajes como C/C++.

Ejemplo:

```java
public class Main {
    static {
        System.loadLibrary("nativeLib");
    }

    public native void nativeMethod();

    public static void main(String[] args) {
        new Main().nativeMethod();
    }
}
```

nativeLib.c:

```c
#include <jni.h>
#include <stdio.h>
#include "Main.h"

JNIEXPORT void JNICALL Java_Main_nativeMethod(JNIEnv *env, jobject obj) {
    printf("Hello from C code!\n");
}
```

Ajuste del rendimiento y creación de perfiles

Ajuste del rendimiento:

- Proceso de hacer que su aplicación Java funcione más rápida y eficazmente.

Herramientas de creación de perfiles:

- Herramientas como JVisualVM, YourKit y JProfiler ayudan a identificar los cuellos de botella en el rendimiento.

Ejemplo:

```java
public class Main {

    public static void main(String[] args) {

        long startTime = System.currentTimeMillis();

        // Your code here

        long endTime = System.currentTimeMillis();

        System.out.println("Execution time: " + (endTime - startTime) + "ms");

    }

}
```

Programación modular con Java 9

Módulos:

- Introducido en Java 9 para crear aplicaciones más manejables y escalables.

Declaración del módulo:

- module-info.java:

```
module my.module {

    requires java.base;

    exports com.example.mymodule;

}
```

Por ejemplo:

- module-info.java:

```
module mymodule {

    exports com.example.mymodule;

}
```

Main.java:

```
package com.example.mymodule;

public class Main {
    public static void main(String[] args) {
        System.out.println("Hello, Modules!");
    }
}
```

Capítulo 22: Pruebas y depuración

Pruebas unitarias con JUnit

JUnit:

- **Framework para escribir y ejecutar pruebas unitarias en Java.**

Por ejemplo:

```java
import org.junit.Test;
import static org.junit.Assert.assertEquals;

public class MainTest {
    @Test
    public void testAdd() {
        assertEquals(2, 1 + 1);
    }
}
```

Burlarse con Mockito

Mockito:

- Marco para la creación de objetos simulados.

Por ejemplo:

```java
import static org.mockito.Mockito.*;

public class MainTest {
    @Test
    public void testMock() {
        List<String> mockedList = mock(List.class);
        when(mockedList.get(0)).thenReturn("Hallo");

        assertEquals("Hallo", mockedList.get(0));
    }
}
```

Técnicas y herramientas de depuración

Técnicas de depuración:

- Puntos de interrupción, navegación por el código e inspección de variables.

Herramientas de depuración:

- IDEs como IntelliJ IDEA, Eclipse y NetBeans proporcionan potentes herramientas de depuración.

Por ejemplo:

```java
public class Main {
    public static void main(String[] args) {
        int a = 1;
        int b = 2;
        int c = a + b;   // Set breakpoint here
        System.out.println(c);
    }
}
```

Capítulo 23: Construcción e implantación

Herramientas de compilación

(Maven, Gradle) Maven:

- Herramienta de automatización de la compilación utilizada principalmente para proyectos Java.

Ejemplo:

- pom.xml:

```xml
<project xmlns="http://maven.apache.org/POM/4.0.0" xmlns:xsi="http://www.w3.org/2001/XMLSc
    xsi:schemaLocation="http://maven.apache.org/POM/4.0.0 http://maven.apache.org/xsd/mave
    <modelVersion>4.0.0</modelVersion>
    <groupId>com.example</groupId>
    <artifactId>myapp</artifactId>
    <version>1.0-SNAPSHOT</version>
</project>
```

Gradle:

- Herramienta de automatización de la compilación basada en los conceptos de Apache Ant y Apache Maven.

Ejemplo:

- build.gradle:

```
plugins {
    id 'java'
}

group 'com.example'
version '1.0-SNAPSHOT'

repositories {
    mavenCentral()
}

dependencies {
    testImplementation "junit:junit:4.12"
}
```

Integración y despliegue continuos

Integración continua (IC):

- Práctica de fusionar las copias de trabajo de todos los desarrolladores en una línea principal compartida varias veces al día.

Herramientas:

- Jenkins, Travis CI, CircleCI.

Ejemplo:

```
# .travis.yml for Travis CI
language: java
jdk:
  - oraclejdk8
script:
  - ./gradlew build
```

338

Docker:

- Plataforma para desarrollar, enviar y ejecutar aplicaciones dentro de contenedores.

Dockerfile:

```
FROM openjdk:8-jdk-alpine
COPY target/myapp.jar myapp.jar
ENTRYPOINT ["java", "-jar", "myapp.jar"]
```

Ejemplo:

```
# Build Docker image
docker build -t myapp .

# Run Docker container
docker run -p 8080:8080 myapp
```

Referencia

- Arnold, K., Gosling, J., & Holmes, D. (2005). *El lenguaje de programación Java* (4ª ed.). Addison-Wesley Professional.

- Bloch, J. (2018). *Java eficaz* (3ª ed.). Addison-Wesley.

- Sierra, K., & Bates, B. (2005). *Head first Java* (2ª ed.). O'Reilly Media.

- Lippman, S. B. (2012). *C++ primer* (5ª ed.). Addison-Wesley.

- Horstmann, C. S. (2013). *Core Java Volume I-Fundamentals* (9ª ed.). Prentice Hall.

- Eckel, B. (2006). *Thinking in Java* (4ª ed.). Prentice Hall.

- Schildt, H. (2014). *Java: La referencia completa* (9ª ed.). McGraw-Hill Education.

- Goetz, B. (2006). *Java concurrency in* practice. Addison-Wesley Professional.

- Fowler, M. (2003). *Patrones de arquitectura de aplicaciones empresariales.* Addison-Wesley.

- Gamma, E., Helm, R., Johnson, R., & Vlissides, J. (1994). *Patrones de diseño: Elements of reusable object-oriented* software. Addison-Wesley.

- Joshua, J., & Eckstein, R. (2007). *Programación en Java SE 6.* McGraw-Hill.

- Vermeulen, M. (2013). *Libro de cocina de nuevas características de Java 7.* Packt Publishing Ltd.

- Yoon, H. (2007). *Java SE 6: What's new*? Pearson Education.

- Liang, Y. D. (2020). *Introducción a la programación y estructuras de datos en Java* (12ª ed.). Pearson.

- Bates, B. (2008). *Guía de estudio SCJP Sun certified programmer for Java 6* (CX-310-065). McGraw-Hill Education.

- Mak, G., & Russell, G. (2004). *Java server* pages. McGraw-Hill Education.

- Gupta, A. (2017). *Patrones de diseño de Spring 5.* Packt Publishing Ltd.

- Nguyen, D. H., & Johnson, K. (2018). *Dominando los microservicios con Java.* Packt Publishing Ltd.

- Niemeyer, P., & Knudsen, J. (2005). *Learning Java* (3ª ed.). O'Reilly Media, Inc.

- Lefranois, S. (2018). *Dominando Java para la ciencia de datos.* Packt Publishing Ltd.

- Butch, S., y Zakhour, S. (2013). *El tutorial de Java: Un breve curso sobre los fundamentos* (6ª ed.). Addison-Wesley Professional.

- Keogh, J. (2005). *J2EE: La referencia completa*. McGraw-Hill Education.

- Richards, M. (2015). *Patrones de arquitectura de software*. O'Reilly Media, Inc.

- Sedgewick, R., & Wayne, K. (2011). *Algorithms* (4ª ed.). Addison-Wesley Professional.

- Sonmez, J. (2015). *Habilidades blandas: El manual de vida del desarrollador de software*. Publicaciones Manning.

- Pramod, S., & Mak, G. (2002). *JSP: La referencia completa*. McGraw-Hill Education.

- Vasudevan, V. (2005). *Java EE 5: The complete reference*. McGraw-Hill Education.

- Raj, S. (2019). *Arquitectura de microservicios*. Packt Publishing Ltd.

- Pilone, D., y Pitman, N. (2005). *UML 2.0 in a nutshell*. O'Reilly Media, Inc.

- Kousen, K. (2013). *Making Java Groovy*. Manning Publications.

www.ingramcontent.com/pod-product-compliance
Lightning Source LLC
Chambersburg PA
CBHW082104220526
45472CB00009B/2032

9798300068295